필요했어,
이런
미술 수업

필요했어, 이런 미술 수업

―――――― 미술실에서 만나는 ――――――
과학· 수학· 문학· 역사· 경제· 사회

엄미정 지음

다른

미술로 만나는 '유레카'의 순간!

여러분 안녕하세요? 저는 미술책을 쓰고 번역하는 작가 엄미정입니다. 책을 시작하기 전에 여러분에게 한 가지 질문을 하고 싶어요. '미술'이라고 하면 여러분은 무엇이 떠오르나요? 유화나 조각상? 국어, 영어, 수학보다 덜 중요한 교과목? 어떤 친구들은 자기와는 상관없는 것이라고 여길 수도 있겠네요.

사실 제가 여러분 또래일 때 미술을 그렇게 생각했어요. 미술이란 그림 재주가 뛰어난 친구들이나 하는 것이라고 생각했지요. 미술을 전공하는 것도 당연히 상상할 수 없었습니다. 그러다 대학교에 들어가서 처음 미술사를 접했어요. 그때 미술이 색, 선, 형태로 표현한 아름다운 '작품'일 뿐만 아니라, 인간의 희로애락을 담아내는 하나의 '이야기'라는 것을 알게 되었어요.

또한 은은한 광채가 나는 유화에는 화학 작용이, 우리 눈에 아름답게 보이는 미술 작품의 균형과 조화에는 수학적 비율이 중요하다는 것도 알게 되었지요. 여러 사회 문제를 곰곰이 생각하게 하는 많은 작품에 공감하기도 했습니다. 그야말로 미술이 과학,

수학, 역사, 문학, 사회를 아우르는 흥미진진한 대상으로 바뀌는 놀라운 일이 저에게 벌어진 거예요! 고대 그리스의 철학자 아르키메데스처럼 목욕탕에서 벌거벗은 채로 뛰쳐나와 '유레카!'를 외칠 수는 없었지만, 저에게 미술이 '유레카!'가 되었던 잊지 못할 순간이었답니다.

여러분이 살아갈 미래에는 한 분야에 치중하는 전문가보다 다양한 분야를 엮으며 새로운 가치를 만드는 창의 융합형 인재가 필요하다고 이야기합니다. 그렇기에 어느 때보다 예술의 중요성이 강조되고 있지요. 미술은 경계를 넘어 다양한 교과목에 쉽고 재미있게 다가갈 수 있게 하며, 창의 융합적 능력을 길러 주는 힘이 되어 줍니다. 그런 의미에서 〈필요했어, 이런 미술 수업〉을 읽으며 여러분이 이전보다 더 많은 유레카의 순간을 맞이하고, 행복한 앎과 상상의 세계에서 즐겁게 헤엄치기를 바랍니다.

차례

들어가며
미술로 만나는 '유레카'의 순간! 004

1교시 과학 시간

걸작은 화학적으로도 훌륭하다고요? 010
불포화지방산으로 그린 〈아르놀피니 부부의 초상〉

다빈치의 벽화는 왜 희미해졌을까요? 020
화학은 잘 몰랐던 다빈치의 실수 〈최후의 만찬〉

색채마다 왜 다른 감정이 느껴질까요? 030
뇌과학으로 보는 〈인상, 해돋이〉

카메라를 이용해 그림을 그렸다고요? 038
빛의 마술 같은 〈진주 귀고리를 한 소녀〉

조각상을 잘 만들려면 왜 인체를 알아야 하나요? 048
헤부힉으로 뜯어본 〈라오콘과 그의 아들들〉

2교시 수학 시간

이상적인 신체 비율은 누가 정했나요? 060
〈밀로의 비너스〉가 미의 기준이 된 까닭

그림에서 입체감이 느껴지는 건 착시일까요? 070
원근법이 주는 생생함 〈성 삼위일체〉

수학적 증명을 역설한 그림이 있다고요? 080
평행선 공준의 모순과 〈유클리드의 산책〉

3교시 문학 시간

인류 최고의 베스트셀러는 왜 성서일까요? 090
〈천지창조〉가 시스티나 성당의 천장화가 된 배경

예술가들은 왜 밤하늘을 사랑할까요? 098
별을 꿈꾼 시인 윤동주와 화가 고흐

사후 세계를 그린 작품이 있다고요? 108
단테《신곡》에 영감받은 〈단테의 조각배〉

4교시
역사 시간

다비드는 왜 여러 번 조각되었나요? 118
시대를 대변하는 상징 〈다비드상〉

인상주의 화가들은 왜 기차를 그렸을까요? 128
산업화 시대, 속도에 매혹된 화가들

피카소가 한국전쟁의 참상을 그렸다고요? 136
전쟁의 비극을 고발한 〈한국에서의 학살〉

5교시
경제 시간

이삭줍기는 왜 그림의 소재가 되었을까요? 148
토지 경제가 보이는 〈이삭 줍는 여인들〉

예술가는 가난하다는 생각은 편견일까요? 156
그림 공방에서 1,400점을 그려 낸 루벤스

세계에서 가장 비싼 그림은 얼마일까요? 166
〈살바토르 문디〉와 미술 경매 시장

6교시
사회 시간

모방과 창작의 경계를 어떻게 나누죠? 176
비난받은 명작 〈풀밭 위의 점심식사〉

차별과 혐오로 고통받은 화가가 있다고요? 186
홀로코스트와 〈유대인 신분증을 쥔 자화상〉

불안과 우울을 어떻게 예술로 승화할까요? 196
내면의 고통을 표현한 〈절규〉

교과 연계 206
참고 자료 209

1교시

○

── 과학 시간 ──

☆ 창의 융합적 사고를 위한 ☆

과학 × 미술 빙고!

유화	안료	응고 작용	불포화 지방산
이중결합	르네상스	소실점	프레스코
원뿔세포	연상 기억	색각	해마
인상주의	해부학	키아로스쿠로	카메라 오브스쿠라

얼마나 알고 있는지 체크해 볼까요?

걸작은 화학적으로도
훌륭하다고요?

불포화지방산으로 그린 〈아르놀피니 부부의 초상〉

얀 반 에이크, 〈아르놀피니 부부의 초상〉,
패널에 유채, 1434년, 런던 내셔널 갤러리

샹들리에부터 카펫까지, 화려한 물건들이 눈을 사로잡네요.
인물들이 입은 의상이나 강아지 털의 색채와 질감 모두 실제처럼 느껴집니다.

옆의 그림은 15세기 화가 얀 반 에이크가 유화물감으로 그린 〈아르놀피니 부부의 초상〉 또는 〈아르놀피니의 결혼〉이라고 불리는 작품입니다. 서양화에는 유화(또는 유채)로 그린 작품이 많습니다. 그래서 서양화라고 하면 유화를 가장 먼저 떠올리는 사람이 많을 겁니다. 미술관에 가면 작품마다 근처에 제목, 크기, 종류, 기법 등의 정보가 적혀 있는 것을 볼 수 있어요. 그중 기법에서 '캔버스에 유채' 또는 '캔버스에 유화'라고 적힌 것이 바로 유화 작품이에요. 〈아르놀피니 부부의 초상〉은 '패널에 유채'로 완성되었어요. 패널은 캔버스를 대신해 쓰는 화판인 나무판을 의미합니다.

유화는 간단히 말하면 물감을 기름에 개어 그리는 기법이나 작품을 말합니다. 영화나 드라마에서 화가가 그림을 그릴 때 쓰는 삼각대인 이젤에 캔버스를 세우고 그 앞에 앉아서 유화를 그리는 모습을 많이 봤을 거예요. 그만큼 유화가 서양미술을 대표하는 미술 재료라는 이야기겠지요. 그렇다면 유화는 어떻게 생겨났을까요?

유화의 역사는 선사 시대부터

여러분도 알다시피 그림을 그리려면 바탕, 물감, 그리고 물감을 묻혀 바탕에 그림을 그릴 붓 같은 도구가 필요합니다. 앞서 말했던 '캔버스에 유채' 또는 '캔버스에 유화'를 풀어쓰면 '캔버스 천 바탕에 유화물감으로 그렸다'는 뜻이에요. 그럼 지금처럼 공장에서 튜브 형태의 유화물감을 생산하지 않던 시대에는 어떻게 물감을 구했을까요? 대체로 동식물과 흙에서 추출한 화학 성분이나 광물에서 얻었는데요, 이것을 곱게 갈아서 만든 색을 내는 가루를 안료라고 합니다.

그럼 안료를 어떻게 바탕에 착 붙게 할 수 있을까요? 안료에 액체를 섞어서 붓에 묻도록 만들면 됩니다. 미술 역사를 통틀어 안료를 섞을 때 물, 밀랍, 계란, 기름, 아라비아고무 등이 사용되었어요. 유화물감은 유화油畫라는 말에서 알 수 있듯 그 액체가 기름이에요. 기름이 굳으면서 물감이 캔버스에 달라붙습니다. 그 옛날 화가들은 물질의 상태 변화 중 액체가 고체로 변하는 응고

탐구력 UP

물질의 상태 변화인 응고와 융해의 예시를 일상생활에서 찾아보세요.

작용을 이용했던 거예요.

　그렇다고 유화를 그린 화가들이 응고 작용을 처음으로 알았다고 생각하는 건 아니겠죠? 바탕에 물감을 들러붙게 하는 문제는 선사 시대에 동굴벽화를 그린 구석기인도 고민했을 테니까요. 남아프리카공화국 남쪽 해안에 있는 석회암 절벽에는 블롬보스 동굴이 있습니다. 오래전 중석기 시대(구석기 시대와 신석기 시대의 중간 시대)에 사람들이 머물렀던 곳으로 추정되는 동굴인데요, 2008년 이 동굴에서 전복 껍데기가 발굴되었습니다. 전복 껍데기에는 기름, 황토, 숯을 섞어 만든 물감과 유사한 것이 남아 있었어요. 이 유물의 추정 연대가 약 10만 년에서 14만 년임을 고려하면, 안료에 기름을 섞어서 그림을 그리는 행위는 정말 오래전에 시작된 것이지요.

유화물감을 혁신한 불포화지방산

오늘날 우리에게 익숙한 유화가 서양미술에 본격적으로 등장한 것은 16세기에 이르러서입니다. 유화물감은 15세기 초 벨기에 플랑드르 지역에 살았던 얀 반 에이크와 그의 형 후베르트 반 에이크가 함께 발명했다고 알려져 있습니다. 하지만 앞서 설명했듯이 매우 오래전부터 안료에 기름을 개서 쓰기 시작했으니, '발명'이라고 하기는 어려울 것 같아요. 구식 유화물감을 혁신했다고 하는 것이 더 적합한 표현이겠죠.

'캔버스에 유채' 이전에 서양 그림에서 주로 쓰던 기법은 '목판에 템페라'였어요. 템페라는 안료에 달걀노른자를 섞어서 만든 물감인데요, 여기에 부패를 막는 식초가 핵심 성분으로 들어갑니다. 막을 제거한 달걀노른자와 식초를 같은 분량으로 섞다가 안료를 넣어서 다시 잘 섞으면 완성이에요.

템페라로 그림을 그리면 달걀노른자의 수분이 증발하면서 물감이 빨리 마른다는 장점이 있습니다. 또 템페라는 성질이 유연해서 대상을 정확히게 묘사할 수 있으며 선명하고 밝은 색깔을 냅니다. 하지만 빨리 마르기 때문에 고쳐 그리거나 색조의 섬세한 변화를 표현하기가 어렵습니다. 그 결과 색조가 불투명하고 차가운 느낌을 줍니다.

그런데 얀 반 에이크와 후베르트 반 에이크가 달걀노른자 대신 아마씨에서 짜낸 아마기름이나 호두 기름을 섞어 쓰기 시작하면서 유화의 시대가 열리게 되었습니다. 아마기름과 호두 기름이 달걀노른자보다 느리게 마르는 덕분에 화가가 시간을 벌게 된 것이죠. 이로써 천천히 더욱 정밀하게 표현하거나 다양한 기법과 질감을 생생하게 표현할 수 있게 되었어요.

이는 아마기름, 호두 기름 같은 식물성 기름에 함유된 **불포화지방산** 덕분이었어요. 3대 필수 영양소 중 하나인 지방(유지라고도 합니다)은 3개의 지방산과 1개의 글리세롤로 이루어져 있습니다. 식물성 기름의 지방산 분자에는 탄소 원자가 사슬 모양으로 연결되어 있어요. 지방산 분자의 탄소와 탄소 사이에는 1개 이상의 **이중결합**(분자 내 두 원자가 연결되는 결합)을 갖는 불포화지방산이 많습니다. 특히 아마기름에는 이중결합이 3개인 지방산의 함량이 높은 편이에요.

지방은 공기 중에 산소를 흡수해서 점차 끈끈해지다가 결국 고체로 변하는데요, 액체 상태의 물질이 고체로 변하는 것을 고체화라고 합니다. 탄소의 이중결합이 많을수록, 다시 말해 불포화지방산이 많을수록 고체화가 잘 이루어져요. 이중결합에 산소가 결합하면 탄소 원자 하나와 이웃한 분자의 탄소 원자가 결합합니다. 그 결과 기름 분자들끼리 그물망 형태로 엮이는 거대 분자가 되는데, 이것을 **가교결합**이라고 합니다. 가교결합으로 분자량이 커지면 딱딱하게 굳은 얇은 막이 형성되고, 안료가 그 안에 그대로 갇히게 됩니다.

그렇다면 불포화지방산을 많이 함유한 아마기름으로 만든 유화물감에는 어떤 장점이 있을까요? 이러한 유화물감은 얇게 여러 번 겹쳐 칠할 수 있어서 풍부하고 깊은 색감을 만들어 낸답니다.

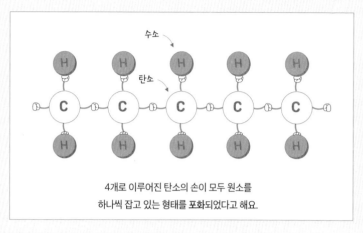

4개로 이루어진 탄소의 손이 모두 원소를
하나씩 잡고 있는 형태를 **포화**되었다고 해요.

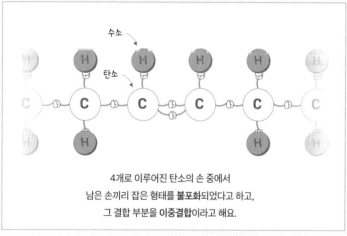

4개로 이루어진 탄소의 손 중에서
남은 손끼리 잡은 형태를 **불포화**되었다고 하고,
그 결합 부분을 **이중결합**이라고 해요.

불포화지방산 분자 구조 내 이중결합

유화물감으로 빛을 그려 내다

유화물감에 대해 알아보았으니 구식 유화물감을 혁신한 얀 반 에이크의 작품을 살펴보도록 하죠.

이탈리아 토스카나 출신으로 벨기에 플랑드르에서 활동하던 아르놀피니라는 부유한 상인이 있었어요. 젊고 아름다운 아내를 얻은 아르놀피니는 얀 반 에이크에게 결혼 기념 작품을 주문합니다. 요즘의 웨딩 사진 촬영이라고 할 수 있겠죠? 이 작품이 〈아르놀피니 부부의 초상〉입니다.

약 500년 전에 그려진 〈아르놀피니 부부의 초상〉은 부부의 행복한 모습을 담는 데 그치는 요즘의 웨딩 사진과 달리 여러 물건으로 다양한 상징을 표현했어요. 먼저 결혼의 신성한 의미를 전달합니다. 부부 사이에 있는 강아지는 부부가 서로에게 충실할 것을 상징해요. 또한 당시에는 신랑이 신부에게 나막신을 선물했다고 하는데요, 그림 한쪽에 벗어 놓은 나막신이 보이죠? 이는 신성한 공간에서 결혼식을 올리고 있음을 보여 줍니다.

거울 위쪽 벽에 라틴어로 쓴 'Johannes de Eyck fuit hic 1434'라는 글은 '1434년 얀 반 에이크가 이곳에 있었다'는 뜻으로, 화가가 이 결혼의 증인임을 알려 줍니다. 반 에이크는 자신을 볼록거울 안에 그려 넣기도 했습니다. 반 에이크 덕분에 부부는 몇백

년 동안 신성한 결혼의 상징이 되었어요.

〈아르놀피니 부부의 초상〉은 아르놀피니 부부가 누렸던 풍요로운 생활 수준도 잘 보여 줍니다. 부부가 입고 있는 모피 옷, 화려한 문양의 동방의 카펫, 그리스도의 수난을 그린 에나멜화로 장식한 베네치아산 거울, 부부 사이에 걸려 있는 금속제 샹들리에가 대표적입니다. 특히 다산을 뜻하는 오렌지는 당시 플랑드르에서는 매우 귀한 과일이었어요. 어쩌면 아르놀피니는 오렌지를 거래하면서 큰돈을 벌었을 수도 있겠네요.

반 에이크는 유화물감이 채 마르지 않은 상태에서 덧칠해 색채를 아름답게 혼합했습니다. 또한 사물의 입체감과 질감을 관찰해서 빛과 그림자를 정교하게 재현했어요. 광택을 내고 채도를 다양하게 표현할 수 있는 유화가 아니라면 얻기 어려운 효과였지요. 그림 속의 샹들리에를 보세요. 화면 왼쪽에서 들어오는 빛을 받아 금속으로 된 샹들리에가 반짝이잖아요. 진짜 샹들리에를 보는 것 같지 않나요? 샹들리에뿐만 아니라 오렌지, 나막신, 신부가 입고 있는 옷의 주름, 부부의 피부를 보면 마치 이 부부가 살아서 눈앞에 서 있는 것처럼 느껴집니다.

불포화지방은 몸에도 좋은 지방이라고 알려져 있습니다. 포화지방은 불포화지방보다 녹는점이 높아서 실온에서 고체일 가능성이 높아요. 온혈동물인 인간의 혈액에 여전히 고체 형태인 지방이 있으면 혈액의 흐름을 방해할 수도 있죠. 그래서 건강을 위해 포화지방산이 많은 음식보다 불포화지방산이 많은 음식을 먹으라고 권하는 거예요. 몸에도 좋고 이를 함유한 기름으로 아름다운 유화를 그릴 수도 있다니, 불포화지방산은 여러모로 유용한 지방이지요?

다빈치의 벽화는
왜 희미해졌을까요?

화학은 잘 몰랐던 다빈치의 실수 〈최후의 만찬〉

레오나르도 다빈치, 〈최후의 만찬〉,
회벽에 유채와 템페라, 1495~1498년, 밀라노 산타 마리아 델레 그라치에 성당

예수가 운명하기 전날 제자들과 식사하는 장면을 그린 다빈치의 역작이죠. 수많은
노력으로 복원되었지만, 아쉽게도 잘 알아보기 힘든 그림이 되었어요.

15세기 초 유화 기법이 혁신되어 유럽 전역으로 퍼져 나갔고, 많은 화가가 유화 기법을 받아들였어요. 이 시기는 14~16세기에 일어난 르네상스에 속합니다. 르네상스는 이탈리아를 중심으로 유럽 문화 전반에서 일어난 혁신 운동을 말해요. 실제와 매우 가깝게 그릴 수 있는 유화 기법은 많은 화가에게 새로운 재료에 대한 호기심을 불러일으켰어요. 대표적인 화가가 레오나르도 다빈치입니다.

르네상스 시대에 활약한 레오나르도 다빈치는 미술뿐만 아니라 과학, 건축, 공학, 음악 등 다방면에서 재능이 뛰어났어요. 그만큼 호기심도 많았지요. 그는 유화 기법에 자극을 받아 새로운 물감을 개발하고자 했습니다. "먼저 과학을 공부하라. 그리고 과학에 근거한 실험에 열중하라"고 했던 자신의 신념을 충실히 따랐던 거죠. 새로운 벽화 기법은 이탈리아 밀라노의 한 수도원 식당 벽에 그림을 그리는 것으로 실험했어요. 과연 다빈치의 실험은 성공했을까요?

〈최후의 만찬〉 들여다보기

성서에 따르면 '최후의 만찬'은 예수가 십자가에서 죽음을 맞기 전 열두 제자와 마지막으로 함께한 유월절 식사를 말합니다. 최후의 만찬은 르네상스 이전부터 수도원을 비롯한 종교 시설의 식당 또는 휴게실을 장식하는 종교화의 주요 주제로 널리 쓰였어요. 다빈치는 최후의 만찬을 그저 평화로운 식사 장면으로 그려 내지 않았어요. "너희 가운데 나를 팔아넘길 사람이 하나 있다"는 예수의 폭탄선언 이후 혼란스러워진 식사 자리를 표현했지요.

우선 다빈치는 선배 화가들의 원근법 연구 성과를 활용했습니다. 그리고 예수를 중심으로 충격과 격정에 휩싸인 제자들의 모습을 빼어난 솜씨로 화면에 담아냈어요. 원근법 덕분에 작품은 더욱 실제처럼 느껴집니다. 훗날 이 식당에서 식사했던 수사修士들이 이 작품에서 원근법이 선사하는 아찔한 착시현상을 경험하고 어떤 말을 꺼냈을지 궁금하네요.

다빈치는 벽면에 못을 박고 실을 연결해 원근법 구성을 짰습니다. 천장과 벽면의 소실점이 예수를 향해 모여 들도록 했지요. 소실점은 실제로는 평행한 두 직선을 멀리 연장했을 때 선과 선이 만나는 점을 말합니다. 예수는 삼위일체를 상징하는 3개의 창문 앞에 앉아 있어서 또렷하게 알아볼 수 있어요. 하지만 중세 그림에서처럼 광배光背를 쓰고 있지는 않아요. 광배는 회화나 조각에서 인물의 성스러움을 드러내기 위해 머리나 등 뒤에 둥글게 빛을 표현한 것을 말합니다. 〈최후의 만찬〉에서는 창문에서 비치는 빛이 예수의 머리 부분을 환하게 밝혀 광배 역할을 하죠.

그림에서 예수는 빵과 포도주 쪽으로 손을 뻗고 있어요. 이는 성찬식을 의미합니다. 성찬식은 최후의 만찬에서 예수가 제자들과 자신의 몸과 피를 상징하는 빵과 포도주를 나누어 먹은 데서 유래했습니다.

다시 그림을 살펴보면 예수의 말을 듣고 깜짝 놀란 제자들의 동작이나 표정이 생생하게 느껴지죠. 필립보는 "스승님, 저인가요?"라고 묻고 있고요. 배신자 유다는 스승이 자기 계획을 폭로하자 놀란 나머지 몸을 뒤로 뺍니다. 돈주머니를 쥔 유다의 얼굴이 유난히 어둡네요. 성서에 따르면 예수는 배신자가 자신과 동시에 그릇에 손을 뻗는 사람이라고 했거든요. 그래서 다른 제자들은 식탁에서 손을 뺐지만, 유다는 접시에 팔을 뻗고 있어요. 아마 요한과 베드로가 이야기를 나누는 통에 예수의 말을 듣지 못한 것 같네요. 과연 유다가 누구인지 한번 찾아볼까요?

유다를 단번에 찾아냈나요? 그림이 흐려서 잘 모르겠다고요? 여러분이 보기에도 이 그림은 다른 벽화처럼 선명하지 않을 거예요. 도대체 〈최후의 만찬〉은 왜 이렇게 희미해졌을까요?

다빈치의 기법 실험이 실패한 이유

〈최후의 만찬〉이 희미해진 이유는 따로 있었습니다. 바로 지칠 줄 모르던 탐구자 다빈치가 새로운 벽화 기법을 실험했던 게 문제였어요. 도전정신은 칭찬할 만하지만, 당시 다빈치의 기법에는 분명 한계가 존재했습니다.

고대부터 르네상스까지 벽화를 그릴 때는 벽에 석회를 발라서 그림을 그리는 방식을 주로 사용했어요. 석회는 석회석에 열을 가해서 얻습니다. 석회석에 열을 가하면 생석회(산화칼슘)와 이산화탄소로 분리되는데요, 여기에 물을 더하면 석회 덩어리가 무너지며 흰색 가루인 소석회(수산화칼슘)가 됩니다. 물기를 머금은 석회에 물에 개어 놓은 안료를 칠하면 습기가 증발하면서 수산화칼슘이 공기 중 이산화탄소와 결합하며 탄산칼슘 결정을 형성합니다. 이러한 탄산칼슘 결정에 안료와 모래가 갇히면서 단단한 표면이 형성되는 것이지요. 안료가 벽 자체가 되는 방식으로, 흔히 프레스코fresco라고 불리는 기법이에요.

석회석이 석회가 되기까지

석회석+열 → 산화칼슘(CaO)+이산화탄소(CO_2)

산화칼슘(CaO)+물(H_2O) → 수산화칼슘($Ca(OH)_2$)

수산화칼슘($Ca(OH)_2$)+이산화탄소(CO_2) → 산화칼슘(CaO)

현재 프레스코는 벽면에 회반죽에 모래를 섞은 모르타르^{mortar}를 발라서 그림을 그리는 방식을 가리킵니다. 회반죽은 횟가루를 물에 섞어 반죽한 것으로, 횟가루는 산화칼슘을 의미해요. 하지만 원래 프레스코는 벽에 바른 회반죽이 마르지 않은 상태일 때 물에 섞은 안료로 그림을 그리는 기법을 말합니다. 반대로 회반죽이 마른 상태에서 아교(끈끈한 동물성 접착제)와 안료를 섞어 그리는 기법은 세코^{secco}라고 합니다. 세코는 이탈리아어로 '건조한', '마른'이라는 뜻이에요. 이 기법은 프레스코로 그린 그림을 나중에 수정하거나 보수할 때 쓰였고, 프레스코만큼 널리 쓰이지는 않았어요.

프레스코는 석회가 마르기 전에 그림을 그려야 하기 때문에

> **사고력 UP**
>
> 미술과 화학은 밀접한 관계를 맺습니다.
> 미술 말고도 화학 덕분에 발전한 분야가 무엇이 있을지 이야기해 보세요.

화가가 그림을 그릴 때 머뭇거리거나 신중을 다하기 어려웠어요. 그래서 완성할 수 있을 만큼만 면적을 나누어 석회를 바르고 그려야 했죠. 프레스코로 완성된 대형 벽화 중에는 넓은 면적을 한 가지 색으로 칠할 때 몇 부분으로 나눠서 칠했던 흔적이 남아 있어요. 바로 이러한 이유 때문입니다. 프레스코 기법의 또 다른 문제는 일부 안료가 석회 성분과 화학적으로 잘 결합하지 않는다는 것이었어요. 그래서 화가가 선택할 수 있는 색상이 제한되고 섬세한 색조 변화도 표현하기 힘들었죠.

다시 말해 프레스코는 한 가지 일에 매달리지 않고 여러 가지 일을 동시에 진행하던 다빈치에게는 적합하지 않은 기법이었어요. 그림만 그리지 않기에 작업 속도가 더딘 편이었거든요. 하지만 그는 〈최후의 만찬〉에서 프레스코의 단점을 정면으로 돌파하는 실험을 감행했어요.

다빈치는 화가가 작업을 천천히 할 수 있으면서 쉽게 수정할 수 있는 유화를 좋아했습니다. 그래서 〈최후의 만찬〉에서 기존의 프레스코 벽화보다 밝게 빛나고 명암을 더욱 강하게 대조해 표현하려고 했지요. 그 방법으로 그는 기존 프레스코처럼 벽에 회반죽을 바르고 물에 갠 안료를 칠하지 않았어요. 그 대신 젯소 ^gesso^ 와 역청, 유향의 반죽을 두 겹으로 발랐어요. 다빈치는 그 위에 밀랍을 표백한 물질인 백랍을 칠해서 말린 다음 벽에 유화물감과 템페라 물감으로 그림을 그렸어요. 템페라와 유화로 그린 그림처럼 백랍을 밑칠해서 이 벽화도 환해 보였으면 하고 바랐던 것이지요.

완성된 〈최후의 만찬〉에는 다빈치가 의도한 효과가 나타났어요. 색채는 빛났고 명암도 완벽하게 조절되었으며, 인체의 입체감도 완벽하게 표현되었습니다. 하지만 이 벽화는 외벽이 얇아 계속 습기의 영향을 받았어요. 그러다 보니 완성되고 얼마 지나지 않아 표면과 안료 사이에 곰팡이가 피고, 물감 층이 계속 벗겨져 나갔어요.

〈최후의 만찬〉은 기존 프레스코처럼 회반죽이 이산화탄소가 결합하며 물감이 벽처럼 딱딱해지지 않았어요. 안료를 달걀노른자에 섞어 칠하는 템페라 물감은 습기가 증발한 뒤 달걀의 단백질이 산화되며 피막이 형성되고 바탕에 안착하는데, 벽이 계속 습기를 머금고 있으니 이 작용이 제대로 이루어지지 않았던 거예요.

〈최후의 만찬〉이 완성된 지 60년쯤 지나고 다빈치가 활동했던 이탈리아 피렌체 출신의 화가이자 르네상스 시대 예술가들의 일생을 책으로 남긴 조르조 바사리는 멀리 밀라노까지 와서 이 벽화를 보았습니다. 그리고는 "그림의 상태가 좋지 않아서 인물들을 제대로 알아볼 수 없는 지경"이라고 말했다고 해요. 결국

〈최후의 만찬〉은 18세기 초 복원에 들어갔고, 이후 여러 차례 복원이 이루어졌어요.

다빈치의 붓질을 찾아서

제2차 세계대전 때 〈최후의 만찬〉이 있는 수도원 건물은 연합군의 폭격을 받았어요. 지붕에는 커다란 구멍이 뚫렸지만 다행히 〈최후의 만찬〉이 그려진 벽은 무너지지 않았습니다. 전쟁이 끝난 후 미술품 복원사들은 〈최후의 만찬〉의 묵은 때를 벗겨 내고 물감층이 벗겨지는 것을 막는 작업을 진행했어요. 이때 셸락(니스를 만들 때 쓰는 천연 수지)을 발랐는데, 이 때문에 그림이 조금 더 어두워지고 색조가 더 강해졌지요. 또 덧칠된 부분 일부를 제거했어요. 지난 세월 복원이 주로 덧칠로 이루어졌기 때문에 원래 다빈치가 그렸던 것과 한참 멀어진 부분이 있었거든요.

〈최후의 만찬〉은 결국 1978년부터 대대적인 복원 작업에 들어가서 1999년에 공식적으로 복원 결과물이 공개되었어요. 이를 본 전 세계 전문가들 사이에서는 논쟁이 벌어지기도 했어요. 다빈치의 원작에 충실한가 아니면 돌이킬 수 없을 만큼 변형되었는가로 의견이 나뉘어졌지요. 현재 우리가 보는(습도가 조절되는

방에 1회당 최대 33명이 들어가 15분 동안만 볼 수 있어요) 〈최후의 만찬〉에서 다빈치의 붓질이 남아 있는 부분은 절반에도 미치지 않는다고 합니다. 다빈치의 원작에서 18퍼센트 정도는 완전히 사라졌고, 나머지 40퍼센트 정도는 지난 500여 년 동안 진행된 복원의 영향이 남아 있는 상태라고 해요.

다빈치가 기존 프레스코 기법에 도전해 새로운 재료를 실험했던 〈최후의 만찬〉은 그야말로 참담한 실패로 마무리되었습니다. 미켈란젤로가 로마 바티칸에 있는 시스티나 성당에 프레스코로 그린 천장화와 또한 바티칸에 있는 라파엘로가 그린 프레스코 벽화는 상대적으로 여전히 건재해요. 이러한 사실을 생각하면 다빈치가 화학을 모르면서 감행했던 새로운 재료 실험이 더욱 안타깝게 느껴집니다. 하지만 다빈치의 실험 이후 눈부시게 발전한 과학이 실패를 무릅쓰고 기존의 틀을 깨뜨린 실험의 결과란 걸 생각하면, 〈최후의 만찬〉에 대한 아쉬움은 새롭게 다가옵니다. 그 과학 덕분에 다빈치의 붓질을 조금이나마 살려 낼 수 있었으니까요.

색채마다 왜
다른 감정이 느껴질까요?

뇌과학으로 보는 〈인상, 해돋이〉

클로드 모네, 〈인상, 해돋이〉,
캔버스에 유채, 1872년, 파리 마르모탕 모네 미술관

프랑스의 인상주의 화가 모네가 그린 이 작품을 보고 있으면 떠오르던 해를
바라보던 모네가 어떤 마음이었을지 짐작하게 됩니다.

지금 보는 클로드 모네의 〈인상, 해돋이〉는 해가 막 떠오른 프랑스의 르아브르 항구를 그린 작품입니다. 안개가 끼어 항구와 공장이 희미하게 그림자처럼 보이지요. 짙은 오렌지색 해는 차가운 회색 바다와 항구, 공장의 흐린 남보랏빛과 선명하게 대비되면서 눈길을 사로잡습니다.

모네는 사물의 윤곽선이 흐려질 정도로 빛과 그림자의 효과를 색채로 표현하려고 했어요. 〈인상, 해돋이〉에서 알아볼 만한 것은 해와 고깃배 두어 척, 배에 탄 두 사람뿐이지만 그림을 보는 사람이 어스름하고 서늘한 새벽 분위기와 축축한 바다 공기를 느끼게 합니다. 하지만 그림이 처음 공개되었을 때 많은 사람이 달가워하지 않았어요.

당시 프랑스의 미술평론가 루이 르루아는 〈인상, 해돋이〉을 보고 이렇게 비웃었어요. "'인상!' 그건 확실하군요. 이 그림 어딘가에 분명 인상이 있을 거요. 아무렇게나 힘들이지 않고 술술 그린 그림이네요. 벽지 무늬도 이 바다 풍경보다 훌륭하겠어!" 그의 말로 사람들은 모네를 포함한 밝은 원색, 무너진 윤곽선, 평면화한 이미지를 보여 주던 화가들을 '인상주의'라고 비꼬아 부르게 되었어요. 인상주의 화가들은 피사체를 뚜렷한 선과 형태로 그려 내지 않고, 색채로 빛의 효과를 표현했습니다. 또한 이들은 화실을 벗어나 야외에서 그림을 그렸지요. 〈인상, 해돋이〉처럼 말이에요.

오늘날 〈인상, 해돋이〉를 비롯한 인상주의 그림은 전 세계에서 많은 사랑을 받습니다. 과거 미술계에서 야유를 받던 인상주의 그림에 요즘 사람들이 큰 감동을 느끼고 열광하는 이유는 무엇일까요? 여러 이유가 있겠지만 여기서는 뇌과학으로 미술 작품을 감상할 때 감정을 느끼는 과정을 살펴보도록 하겠습니다. 이 과정을 이해하려면 먼저 우리 눈으로 들어오는 시각 정보가 처리되는 과정을 알아야겠지요?

시각 정보는 눈과 뇌의 합작품

어쩌면 많은 사람이 우리의 눈이 바깥 세계를 있는 그대로 본다고 생각할지도 모르겠어요. 하지만 2000년 노벨 생리의학상을 받은 에릭 캔들은 책 《어쩐지 미술에서 뇌과학이 보인다》에서 눈은 바깥 세계에 관한 불완전한 정보를 제공할 뿐이며 이 정보를 완성하는 건 뇌에서 이루어진다고 밝혔습니다.

시각 정보는 반사된 빛에서 시작됩니다. 빛의 파장이 눈의 수정체를 지나 망막에 이미지를 맺는 것이지요(자극을 받아 일어나는 감각). 망막에는 빛에 민감한 막대세포와 원뿔세포가 있습니다. 막대세포는 빛의 세기에 민감하며 흑백을 감지하고, 원뿔세포는 빛에 덜 민감하며 색에 관한 정보를 전달해요. 망막에 닿은 시각 정보는 곧장 뇌의 뒤쪽인 후두엽으로 이동한 다음 뇌의 위아래로 각각 나뉘어 전달됩니다. 이때 색에 관한 정보는 아래로 가는데, 그 가운데에서 해마를 만납니다. 해마는 기억을 담당하는 기관인 변연계에 있으며, 기억을 저장하고 떠올리는 데 중요한 역할을 합니다. 우리가 본 알록달록한 색은 해마에 저장되지요.

시각에서 핵심은 감각과 지각입니다. 감각은 우리가 눈으로 보는 것, 다시 말해 망막에 맺히는 이미지를 그 자체로 보고 느끼는 것을 말합니다. 반면 지각은 그렇게 본 것을 인식하고 구별하는 걸 뜻해요. 예전에 배웠거나 알게 된 것을 토대로 이미지를 파악하는 것이지요. 그러니까 사람마다 감각은 비슷해도('떡볶이

사고력 UP

친구와 같은 영화를 보고 감상을 나눌 때 생각하고 느끼는 바가
다른 이유는 무엇일까요? 감각과 지각으로 설명해 보세요.

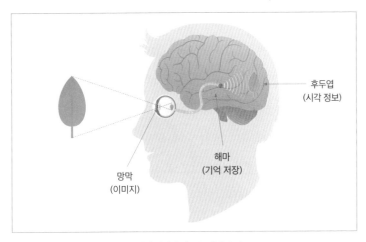

감각에서 지각에 이르는 시각의 경로

우리는 어떻게 눈앞에 있는 물체를 보고, 색을 인지하고, 무엇인지 알 수 있을까요?

는 짤짜나') 지각은 다를 수밖에 없어요('떡볶이는 맵다' 또는 '떡볶이는 비싸다'). 각자 경험이 다르니까요.

그렇다면 우리는 어떻게 뭔가를 보고 지각할 수 있을까요? 연상을 통해 그와 관련한 것들을 우르르 떠올릴 수 있기 때문입니다. 예전에 찍은 사진을 보고 그때 기분이 어땠는지 기억해 낸 경험이 있을 거예요. 그때 여러분의 뇌는 부지런히 연상을 했던 겁니다. 감각만으로 파악하지 못하는 것을 연상이 해결하는 것이죠. 우리가 뭔가를 보고 제대로 이해하려면, 다시 말해 지각하려면 연상으로 그와 관련한 것(맥락)을 잘 떠올릴 수 있어야 합니다. 이 연상을 담당하는 것이 바로 뇌세포랍니다.

이처럼 뇌에서는 경험을 통해 학습하고 기억한 것을 활용하는 매우 특수한 과정이 발달합니다. 이미지나 개념 등이 과거의 경험과 결합했다가 이후 어떤 기억이 떠올랐을 때 다른 기억이 떠오르는 현상을 연상 기억이라고 해요. 연상 기억은 우리가 미술 작품을 감상할 때 핵심적인 역할을 합니다. 그렇다면 연상 기억이 인상주의 그림을 감상하는 것과 어떻게 연결되는지 알아볼까요?

〈인상, 해돋이〉로 돌아가 보겠습니다. 모네는 순간의 감각을 그려 내는 데 충실했으므로 사물의 윤곽선을 무너뜨릴 수밖에 없었습니다. 시시각각 달라지는 빛과 색채를 화폭에 옮기려면 재빠르게 그려야만 했거든요. 그림이 단순하고 엉성해 보여도 우리는 충분히 지각을 경험할 수 있습니다. 감상자가 스스로 지각과 연상 기억을 이용해 그림을 풍성하게 완성하는 것이지요.

인상, 즉 망막의 감각적 자극은 연상을 돋워 지난 일을 돌이켜 보게 하는 실마리가 됩니다. 모네는 해돋이를 세세하게 그리지 않았지만 결과적으로 감상자가 자신만의 경험으로 그림을 바라볼 수 있는 조건을 만들어 주었어요. 선과 형태가 명확하지 않아 오히려 해돋이를 볼 때 느꼈을 자연의 위대함이나 기쁨이 감상자에게 더욱 잘 전달됩니다. 따라서 그림을 보는 사람은 자신의 경험을 토대로 작품을 창의적으로 재구성하는 즐거움을 느끼게 되지요. 모네의 그림을 감상하다 보면 상상력을 자극하게 되는 것입니다.

색채와 연상 기억이 빚어내는 감정 효과

망막이 색을 식별할 수 있는 것은 망막 중심에 있는 원뿔세포 때문이라고 했지요. 우리가 어떤 대상을 구별하고 알아보는 것은 색각을 중심으로 이루어집니다. 색각은 빛의 파장을 느껴 색채를 식별하는 감각이에요. 이 색각이 없으면 우리는 많은 것을 알아차리지 못합니다. 또한 색각에 밝기의 변화가 합쳐지면 대상 사이의 대비가 뚜렷해집니다.

뇌는 색채마다 서로 다른 감정을 지닌 것으로 처리하지만, 사실 색채에 대한 반응은 사람마다 기분과 맥락에 따라 다르게 나타납니다. 색채를 볼 때 지각의 핵심 요소인 연상이 일어날 여지가 많은 것이지요. 그래서 같은 색을 봐도 사람마다 반응이 다르고, 같은 사람이라도 언제 봤느냐에 따라 다른 반응이 나오게 되는 것입니다.

사람마다 색채에서 느끼는 감정이 다른데도, 많은 사람이 여러 색이 섞인 칙칙한 색보다는 밝은 원색을 좋아하다고 합니다.

이러한 점에서 인상주의 화가들은 이전 세대 화가보다 유리했지요. 19세기 중반에 합성 색소가 잇달아 도입되면서 다양하고 실감 나는 색깔을 쓸 수 있게 되었거든요. 튜브에 든 유화물감을 이용할 수 있게 되었다는 점도 빼놓을 수 없어요. 튜브 물감이 등장하면서 이전보다 많은 색깔을 쓸 수 있게 되었고, 야외에서도 그림을 그릴 수 있게 되었습니다. 튜브 물감은 뚜껑을 닫으면 어디든 가지고 다닐 수 있으니까요.

〈인상, 해돋이〉에서도 튜브 물감의 생생한 색깔이 드러납니다. 순간순간 변화하는 빛과 색채를 담고자 했던 모네는 팔레트에 색을 섞을 시간조차 없었어요. 물감을 짜내서 캔버스에 바르다시피 했죠. 그림 속 환하게 빛나는 해를 보세요. 남보랏빛과 회색의 안개, 그림자를 헤치고 솟아난 상큼한 오렌지색 해가 돋보이죠? 활기, 희망, 시작을 느끼게 하네요.

이처럼 밝은 원색을 주로 쓴 인상주의 그림은 감상자에게 인상주의 이전의 칙칙한 그림보다 더욱 긍정적인 느낌을 선사합니다. 이러한 느낌도 실제로는 지각(연상)과 기억의 효과이지요. 아하! 〈인상, 해돋이〉가 이전보다 지금 더 많은 사랑을 받는 이유 중 하나를 드디어 알게 되었네요. 감상자가 보이는 것을 확인하는 데서 그치지 않고, 자신의 연상과 기억을 자극해서 스스로 그림을 완성하는 창의적인 경험을 선사하기 때문입니다.

카메라를 이용해
그림을 그렸다고요?

빛의 마술 같은 〈진주 귀고리를 한 소녀〉

요하네스 페르메이르, 〈진주 귀고리를 한 소녀〉,
캔버스에 유채, 1665년, 헤이그 마우리츠하위스 미술관

소녀를 실제로 마주한 듯한 생생한 그림입니다. 이 작품을 보고 있으면 왜 소녀의
촉촉한 눈망울에 빠져들게 될까요?

왼쪽의 작품 제목은 〈진주 귀고리를 한 소녀〉입니다. 어깨 너머로 고개를 돌려 화면 바깥의 감상자를 바라보는 소녀의 모습이 매우 매력적이죠. 맑고 서늘한 눈동자, 보드라운 살결, 살짝 벌어진 촉촉한 입술, 이마에 쓴 푸른 터번, 머리카락을 감춘 노란 머릿수건, 흰 옷깃의 노란색 옷, 빛나는 진주 귀고리까지 마치 눈앞에 서 있는 소녀가 말을 건네는 듯합니다. 그래서 이 그림 앞에 서면 발길이 떨어지지 않는다는 사람들이 많아요.

세상에서 가장 유명한 그림이라고 하는 다빈치의 〈모나리자〉보다는 덜 알려졌을지 몰라도 이 작품의 인기는 대단합니다. '북유럽의 모나리자'라고 불릴 정도지요. 그런데 그림의 주인공인 소녀에 관해서는 그다지 알려진 게 없어요. 실제 인물인지 아닌지도 확실하지 않고요. 알려진 것이 별로 없다는 점에서 이 그림을 그린 페르메이르와 닮은꼴이네요.

빛을 구현하는 두 가지 비결

네덜란드의 화가 요하네스 페르메이르는 그야말로 베일에 싸여 있습니다. 알려진 정보가 매우 적어요. 1632년 11월 네덜란드 델프트의 한 교회에서 세례를 받았다는 것, 1653년 성 누가 길드에 가입했고, 1661년 성 누가 길드의 수장으로 선출되었으며, 1675년 아내와 11명의 아이들, 그리고 청산해야 할 빚을 남기고 세상을 떠났다는 것 정도가 전부예요. 성 누가 길드는 흔히 '화가 조합'으로 알려져 있지만 화가 말고도 도자기 제조업자, 도서 판매자, 유리 제조업자도 있었어요.

그가 남긴 작품은 40점이 채 안 되는데, 위작(가짜 작품) 시비가 있는 작품을 제외하면 34점 정도랍니다. 주로 실내에 있는 인물이나 장식품 등을 그렸는데, 그중에서 특히 왼쪽으로 난 창에서 빛이 들어오는 실내 장면이 많아요. 〈진주 귀고리를 한 소녀〉에서도 창은 보이지 않지만 그림자를 보면 왼쪽에서 빛이 들어오고 있다는 것을 알 수 있습니다. 따사로운 빛 때문인지 그의 작품에 등장하는 인물이나 사물은 저마다 독특한 분위기를 드러내지요.

많은 연구자가 페르메이르가 이토록 손에 잡힐 듯 생생하게 그림을 그린 비결이 무엇인지 연구했습니다. 수많은 연구 결과에 따르면 페르메이르는 명암법(키아로스쿠로)을 정밀하게 구사했고, 카메라 오브스쿠라를 이용했다고 합니다. 이 두 가지가 〈진주 귀고리를 한 소녀〉에 어떻게 적용되었는지 알아볼까요?

그림에 생명력을 불어넣는 명암법

흔히 명암법으로 부르는 키아로스쿠로^{chiaroscuro}는 16세기 말부터 17세기 초에 활동한 이탈리아 화가 미켈란젤로 메리시 다 카라바조가 잘 구사했던 회화 기법입니다. 빛과 그림자, 밝음과 어두움을 극적으로 대비해서 화면을 구성하는 방식으로, 화면에 빛이 한 방향으로만 들어오는 상태에서 인물이나 사물을 매우 사실적으로 묘사하는 방법이에요. 이 기법은 프랑스와 스페인 등 유럽 여러 나라의 화가들에게 매우 큰 영향을 미쳤어요.

하지만 키아로스쿠로는 단순히 밝음과 어두움으로 사물을 입체감을 강조하는 데 그치지 않습니다. 〈진주 귀고리를 한 소녀〉에서 볼 수 있듯 한 방향에서 들어오는 빛으로 서로 다른 질감의 표면을 효과적으로 나타냅니다. 푸른 머릿수건, 머리카락을 감춘 노란 머릿수건, 진주 귀고리와 눈동자까지 그림에 표현된 질감은 손으로 만지는 것처럼 생생하게 느껴집니다.

〈진주 귀고리를 한 소녀〉를 보면 볼수록 페르메이르가 대상에 빛이 비쳤을 때 표면에 생기는 빛의 효과를 관찰하고 그것을 잘 표현하고자 무척 공들였다는 사실을 짐작할 수 있습니다.

카메라의 조상, 카메라 오브스쿠라

페르메이르의 작품들을 보다 보면 어쩐지 익숙한 느낌이 들어요. 초점이 맞는 부분은 선명하지만 다른 부분은 흐려지는 아웃포커스*out of focus*, 즉 선과 표면은 기막히게 잡아내지만 공간은 평평해 보이는 모습이 마치 사진 같기 때문입니다. 페르메이르의 또다른 작품인 〈우유 따르는 여인〉에서 바구니와 그 속에 담긴 빵은 밝지만 초점이 맞지 않습니다. 〈진주 귀고리를 한 소녀〉에서도 화면 오른쪽의 노란 머릿수건은 초점 없이 흐릿해 보입니다. 이는 카메라 오브스쿠라 기법과 관련이 있어요.

페르메이르가 살았던 17세기와 이후 18세기 유럽에는 카메라 오브스쿠라를 이용해 그림을 그리는 화가가 많았습니다. 페르메이르가 카메라 오브스쿠라를 사용했다는 기록이 남아 있지 않아서 단언할 수는 없지만, 많은 연구자가 페르메이르도 카메라 오브스쿠라를 이용해서 그림을 그렸을 것으로 추측해요.

요하네스 페르메이르, 〈우유 따르는 여인〉, 캔버스에 유채,
1658~1660년경, 암스테르담 국립 미술관
엄숙한 분위기에서 우유를 따르는 모습이 실제처럼 느껴집니다.
쪼르륵 우유 따르는 소리가 들리는 것 같아요.

자, 이제 카메라 오브스쿠라란 무엇인지 자세히 알아볼까요? 카메라 오브스쿠라는 카메라의 발명을 이끈 광학 장치예요. 카메라의 조상이라고 할까요? 카메라 오브스쿠라^{camera obscura}는 라틴어에서 유래한 말로 카메라는 '방', 오브스쿠라는 '어두운'을 의미합니다. 따라서 카메라 오브스쿠라는 '어두운 방', '암실^{暗室}'을 가리켜요.

어두운 방 한쪽 벽에 구멍을 뚫으면 반대쪽 벽면에 바깥 풍경이 거꾸로 비칩니다. 직진하던 빛이 구멍을 통과하면서 교차하고 상이 뒤집혀 나타나는 것이지요. 카메라 오브스쿠라는 이러한 원리를 이용한 것입니다. 벽에 뚫은 구멍이 크면 들어오는 빛의 양이 많아져 비치는 풍경이 흐려지고, 구멍이 작으면 비치는 풍경이 또렷해집니다. 이것이 바로 사진의 기본 원리예요. 사진photography이 '빛'을 뜻하는 포토photo의 어원과 '쓰다'를 뜻하는 그래피graphy가 합쳐진 말이라는 게 실감 나죠?

페르메이르가 살았던 시대에는 두 가지 형태의 카메라 오브스쿠라가 있었이요. 히나는 크기가 반만 해서 그 안에 사람이 들어가 앉을 수 있는 것이었고, 다른 하나는 그보다는 작아서 옮겨 가며 쓸 수 있는 것이었지요. 〈진주 귀고리를 한 소녀〉는 후자에 속하는 이동식 카메라 오브스쿠라를 이용했을 것으로 추측해요.

16세기 말 이탈리아의 과학자 조반니 바티스타 델라 포르타

> **의사소통 능력 UP**
>
> 현대의 카메라는 빛의 원리를 이용해 만들어졌죠.
> 이처럼 빛은 인류 문명의 발전에 중요한 역할을 했습니다.
> 빛이 없는 세상이 어떨지 상상해 묘사해 보세요.

카메라 오브스쿠라의 원리

17~18세기에는 많은 화가가 과학 원리를 이용해 만든 카메라 오브스쿠라로 그림을 그렸어요.
페르메이르도 그랬으리라고 추정하고 있지요.

는 책 《자연의 마술》에서 카메라 오브스쿠라를 사용해 그림을
정확하게 그리는 방법을 설명했습니다. 또한 그는 화가가 더 쉽
게 사용할 수 있는 카메라 오브스쿠라를 고안하기도 했어요. 볼
록렌즈와 거울을 이용하는 것으로, 렌즈를 통과해 맺히는 풍경
이 거울에 반사되어 위쪽 면의 유리에 비치는 구조의 카메라 오
브스쿠라였어요. 화가들이 위쪽 면에 비친 풍경에 종이를 대고
베껴 그릴 수 있게 만든 것이었지요.

페르메이르의 작품을 엑스선으로 촬영해 보니 밑그림의 흔적
이 없었습니다. 이는 페르메이르가 카메라 오브스쿠라를 이용했

으리라는 심증을 더욱 굳혔습니다. 어쩌면 실제로 그랬을지도 몰라요. 〈진주 귀고리를 한 소녀〉를 보면 어두운 배경에서도 소녀의 얼굴, 그중 콧대와 콧날 부분이 부드럽게 나타납니다. 이는 페르메이르가 윤곽선 없이 명암을 대비해 형태를 표현했다는 증거일 수 있어요. 대상이 투사되어 맺히는 상을 본떠 그렸다는 것이지요.

20세기 영국의 화가 데이비드 호크니는 책 《명화의 비밀》에서 "서양 회화의 가장 기본적인 두 가지 원리인 선원근법과 명암법은 자연의 광학적 투영을 연구한 결과물"이라고 주장했어요. 그러면서 페르메이르가 카메라 오브스쿠라를 사용했음을 기정사실로 받아들였습니다. 페르메이르가 살던 당시에 렌즈는 지름이 최대 20센티미터에 이를 정도로 커졌고 훨씬 깨끗한 유리를 사용할 수 있게 되었어요. 혁신된 렌즈가 이전 렌즈보다 색깔을 더 잘 투영할 수 있었다는 것이에요. 호크니는 카메라 오브스쿠라를 제대로 이용하려면 "강한 빛이 필요하고, 강한 빛이 투사될 때 더욱 깊은 명암을 만든다"고 말했습니다. 명암법은 카메라 오브스쿠라나 렌즈와 같은 광학 장치와 밀접하게 연관된다는 것이지요.

페르메이르는 정말 카메라 오브스쿠라를 이용했을까요? 여러분은 어떻게 생각하나요? 한편 이런 생각이 들기도 해요. 페르메이르가 맨눈으로 그렸든 카메라 오브스쿠라를 이용해 투영된 이미지를 그렸든, 그는 네덜란드의 델프트라는 도시에서 평생 살면서 작품 활동을 펼쳤습니다. 왼쪽에서 빛이 들어오는 창 옆에 인물을 세우고 사물들을 배치한 다음 빛과 어둠을 줄기차게 관찰해 캔버스에 옮겼죠. 그 결과 우리는 무심히 흘러가는 하루 중 어느 한 순간을 마법을 걸어 멈춘 듯 연출한 그의 작품을 볼 수 있게 되었습니다. 그의 노력으로 우리가 이토록 아름다운 작품을 만나고 좋아하게 되었다는 것, 그것이 예술의 기적 아닐까요? 〈진주 귀고리를 한 소녀〉 속 소녀와 세상을 떠난 화가는 말이 없지만 어쩐지 고개를 끄덕일 것 같습니다.

조각상을 잘 만들려면
왜 인체를 알아야 하나요?

해부학으로 뜯어본 〈라오콘과 그의 아들들〉

〈라오콘과 그의 아들들〉(기원전 200년경의 청동 원작을 복제),
대리석, 기원전 1세기경, 로마 바티칸 미술관

신의 노여움을 사서 큰 뱀에 물린 라오콘과 두 아들을 묘사한 조각상이에요.
세 인물의 역동적인 자세부터 근육, 인대까지 생생하게 느껴집니다.

그리스의 조각상이나 도기 그림에는 그리스 로마 신화의 이야기나 영웅의 서사시가 주로 등장합니다. 〈라오콘과 그의 아들들〉 또는 〈라오콘 군상〉으로 불리는 이 작품도 그리스 로마 신화에 등장하는 그리스 연합군과 트로이의 긴 전쟁인 트로이전쟁을 배경으로 만들어졌어요. 트로이의 왕자이자 아폴론 신전의 사제인 라오콘은 성 안에 들여온 목마를 창으로 쳐서 그리스 군의 계략을 폭로하려 합니다. 하지만 그의 계획은 실패하고 두 아들과 함께 포세이돈이 보낸 뱀에게 물려 죽고 말아요.

기원전 1세기 무렵 완성된 〈라오콘과 그의 아들들〉도 그렇지만, 그보다 훨씬 먼저 만들어진 기원전 5세기 무렵의 조각상들은 이상적인 몸의 아름다움을 드러내며 생동감이 느껴지는 움직임을 표현했습니다. 여기에는 해부학의 영향이 있었어요.

사고력 UP

과거 많은 조각상이 그리스 로마 신화를 바탕으로 만들어진 이유는 무엇일까요?

해부학은 생물체 내부의 구조, 형태, 크기, 위치, 기능 등을 연구하는 학문입니다. 선사 시대에 처음 시작되었으리라 추측하고 있지요. 고대 이집트인들은 시신에서 장기를 떼어 내고 썩지 않도록 처리해서 미라를 만들었습니다. 기원전 1600년 무렵의 어느 파피루스(고대 이집트에서 파피루스 풀 줄기로 만든 종이)에는 심장에서 뻗어 나온 혈관, 간, 자궁, 방광 등이 자세히 묘사되어 있어요. 고대 그리스에서도 히포크라테스, 아리스토텔레스 등의 학자가 동물을 해부해 내장, 근육, 뼈의 기능을 이해했다고 합니다.

〈라오콘과 그의 아들들〉은 신체의 아름다움과 죽음의 순간에 느끼는 고통과 두려움을 구체적으로 묘사하며 큰 주목을 받았습니다. 이처럼 격렬한 움직임과 감정, 구체적이고 개성적인 표현이 이 시기 조각상의 특징입니다.

라오콘은 정말 비명을 질렀을까?

기원전 20년 무렵 고대 로마의 시인 푸블리우스 베르길리우스 마로는 장편 서사시 《아이네이스》를 썼습니다. 이 작품은 트로이가 함락된 후 트로이의 영웅 아이네이스가 이탈리아로 건너와 로마를 세우는 이야기를 담고 있는데요, 여기에 라오콘의 이야기가 등장합니다. 베르길리우스는 라오콘이 죽어 가는 장면을 이렇게 묘사했습니다.

> "그(라오콘)는 하늘을 향해 무시무시하게 소리쳤습니다. 그것은
> 흡사 부상당한 황소가 잘못 겨냥한 도끼를 목에서 떨쳐 버리고
> 제단에서 도망칠 때 울부짖는 소리와도 같았습니다."

19세기 영국의 해부학자 찰스 벨은 〈라오콘과 그의 아들들〉에서 라오콘 조각상의 상반신을 꼼꼼히 살펴보고는 라오콘은 상처를 입고 도망치는 황소처럼 울부짖을 수 없었다고 말했어요. 그는 어떻게 그런 해석을 했을까요? 부풀어 오른 라오콘의 가슴과 목이 증거였어요. 숨을 한껏 들이마신 모습이므로 목소리를 내기 어려웠을 것이라고 본 것이에요.

다시 〈라오콘과 그의 아들들〉을 보세요. 가운데에 있는 라오콘은 목빗근, 앞톱니근, 배바깥빗근이 올라와 있습니다. 이는 숨을 최대한 들이마시고 있는 모습이에요. 목빗근은 가슴뼈 위 끝과 빗장뼈 안쪽 끝에 있는 근육으로 목을 비스듬히 가로질러 귀 뒤에서 만져지는 근육입니다. 앞톱니근은 가슴 옆에 있는 톱날 모양의 넓은 근육이고요, 배바깥빗근은 배안 앞쪽의 벽인 배벽을 이루는 3개의 근육 중 가장 겉에 있는 근육을 말합니다.

정리하면 라오콘은 왼쪽 팔로 뱀을 떼어 내려고 밀면서 숨을 들이마시고 있으므로 소리를 크게 지를 수가 없다는 거예요(여러분도 두 팔을 벌린 뒤 숨을 들이마시고 소리를 낼 수 있는지 확인해 보세요). 해부학자들은 라오콘이 느끼는 고통에 비해 입을 작게 벌리고 있다고 설명합니다.

한편 라오콘과 두 아들은 발끝을 웅크리며 바닥을 밀어내고 있습니다. 발끝까지 힘이 들어가 있다는 뜻이겠죠? 팔과 다리에는 정맥이 도드라집니다. 근육이 격렬하게 움직이므로 혈관이 튀어나온 것으로 보이기도 하지만 뱀독이 혈관으로 퍼지고 있는 상황으로 볼 수도 있다는군요.

이렇게 조각상의 인체를 해부학으로 이해하면 라오콘의 극심한 고통이 더욱 생생하게 느껴집니다. 예술가들이 이처럼 생생하게 대상의 상태를 표현해 내려면 해부학을 잘 알아야 했겠죠?

해부학의 달인이었던 예술가들

1506년 로마의 산타 마리아 마조레 대성당 근처 포도밭에서 〈라오콘과 그의 아들들〉이 라오콘의 오른팔이 없는 상태로 발굴되었습니다. 라오콘의 사라진 오른팔이 어떤 자세였을지를 두고 당시 많은 예술가와 애호가가 복원 과정에서 의견을 냈어요.

이때 이탈리아의 화가이자 조각가인 미켈란젤로 부오나로티는 오른팔이 어깨 위에서 뒤로 구부러졌을 거라고 주장했어요. 몇몇 사람은 오른팔을 옆으로 뻗어 영웅다운 면모가 강조되도록 오른팔을 옆으로 뻗어야 한다는 의견을 냈다고 하고요. 과연 누구의 의견이 받아들여졌을까요? 뜻밖에도 미켈란젤로의 의견이 아니었어요. 사라진 오른팔 자리에 옆으로 뻗은 팔을 붙이게 되었답니다.

시간이 흘러 1906년에 기적처럼 라오콘의 오른팔이 발견되었어요. 그런데 미켈란젤로의 주장처럼 오른팔이 어깨 위에서 뒤로 구부러진 자세였어요. 그는 어떻게 오른팔의 자세를 짐작했을까요? 미켈란젤로는 해부학에 정통했어요. 그가 시스티나 성당의 천장에 그린 〈천지창조〉에는 인간의 뇌(〈천지창조〉 중 〈아담의 창조〉에서 하느님과 천사의 형상)를 비롯해 여러 인체 기관의 모습이 숨어 있다는 연구 결과가 나올 정도입니다.

1950년대에 이르러 〈라오콘과 그의 아들들〉은 기존 오류를 바로잡고 미켈란젤로의 의견대로 대대적인 복원이 이루어졌습니다. 결국 오늘날 우리가 보는 라오콘의 모습이 되었지요.

미켈란젤로와 다빈치를 비롯해 르네상스 시대에 많은 예술가는 복잡한 인체 구조를 이해하는 가장 좋은 방법은 해부 과정을 관찰하는 것이라고 생각했습니다. 그래서 예술가들은 시체를 직접 해부하기도 했어요. 특히 다빈치는 30구가 넘는 시체를 해부해 1,800여 점의 해부도를 그렸어요. 시체 한 구를 일주일 넘게 들여다보며 탐구했고, 최초로 관상동맥을 정확하게 그림으로 담아냈으며 시신경이 뇌와 연결된다는 것도 가장 먼저 확인했지요. 이탈리아의 화가이자 건축가인 라파엘로 산치오, 독일의 화가이자 조각가인 알브레히트 뒤러도 인체의 움직임을 사실적으로 묘사하기 위해 직접 메스를 들고 근육과 관절을 연구했습니다.

과학적 태도로 인체를 탐구했다고 해도 예술가들의 목적은 예술로서 인체를 잘 표현하기 위함이었습니다. 이러한 이유로 19세기까지 유럽 여러 나라의 미술 아카데미에 해부학 수업이 포함되었어요. '인체나 동물 골격, 근육 따위의 모습이나 운동으로 인한 변형 등을 연구해 인체 표현을 사실적으로 정확히 하기 위한 학문'으로 미술 해부학이 분류되었을 정도로 미술에서 해부학의 중요성이 강조되었습니다.

이러한 미술 아카데미에서 공부했던 화가로 18세기 프랑스의 신고전주의 화가인 자크 루이 다비드가 있습니다. 그가 1784년 완성한 〈호라티우스 형제의 맹세〉를 한번 살펴볼까요?

이 작품은 고대 로마의 역사가 티투스 리비우스가 쓴 《로마 건국사》 중 '로마와 알바의 전쟁' 이야기를 다루고 있습니다. 기원전 7세기 도시국가인 로마와 알바는 자주 분쟁에 휘말렸어요. 이에 두 도시국가는 세 명씩 전사를 내보내 승부를 겨루기로 합니다. 알바에서는 쿠리아티우스 가문의 삼 형제가, 로마에서는 호라티우스 가문의 삼 형제가 나서는데요, 사실 이 두 가문은 사돈 관계였어요. 화면 오른쪽에서 슬퍼하는 여인들과 달리, 호라티우스 가문의 삼 형제는 아버지 앞에서 로마를 위해 목숨 바쳐 싸울 것을 맹세합니다.

다비드는 이 작품을 통해 국가를 위한 개인의 희생을 고결한 이상으로 찬양했습니다. 그는 강력한 힘을 주는 직선과 치밀한 붓질로 박력과 절도가 넘치는 남성들의 몸을 그렸어요. 근육과 혈관이 두드러지는 팔과 다리가 무척 강인해 보입니다. 이처럼 남성의 몸은 숭고한 정신을 상징했습니다.

다비드는 보통 밑그림을 그릴 때 인물을 나체로 그린 다음 옷으로 가려질 근육까지 세세하게 묘사했다고 합니다. 만약 해부학 지식에 따라 인체를 사실적으로 그리지 못했다면, 이 그림은 애국심을 설득력 있게 전하지 못했을 거예요.

이렇듯 미술에서 해부학이 중시되었어요. 20세기에 들어서는 추상미술이 유행하면서 미술 아카데미나 미술학과에서 해부학을 경시하는 경향도 없지 않았습니다. 하지만 요즘은 인체를 좀 더 정확히 묘사하기 위해 전통적인 의미의 화가뿐만 아니라 일

자크 루이 다비드, 〈호라티우스 형제의 맹세〉, 캔버스에 유채, 1784년, 파리 루브르 박물관
루이 16세의 주문으로 제작된 이 작품은 로마를 위해 결투에 나선
삼 형제의 늠름한 모습이 담겨 있습니다.

러스트레이터, 애니메이터, 디지털 이미지 제작자가 미술 해부학을 참고하고 있다고 합니다. 예술에서 해부학이 얼마나 중요한지 이제는 알 수 있겠죠?

2교시

○

—— 수학 시간 ——

팔등신	두신지수	고전기	카논
콘트라포스토	기하학	도형의 닮음	비례
3차원 공간	선원근법	1점 투시	2점 투시
단축법	유클리드	토지측량술	평행선 공준

얼마나 알고 있는지 체크해 볼까요?

이상적인 신체 비율은
누가 정했나요?

〈밀로의 비너스〉가 미의 기준이 된 까닭

〈밀로의 비너스〉, 대리석, 기원전 130~100년경, 파리 루브르 박물관

그리스의 밀로스섬에서 발견된 대리석 조각상으로, 현존하는 비너스상 가운데
가장 유명합니다. 한때 팔등신으로 이상적인 신체 비율을 상징하기도 했죠.
여러분이 보기에는 어떤가요? 균형의 아름다움이 느껴지나요?

팔등신八等身이라는 말을 들어 봤나요? 국어사전에 따르면 팔등신은 '키가 얼굴 길이의 8배가 되는 몸이나 그런 사람' 또는 '균형 잡히고 아름다운 몸의 표준'을 뜻해요. 특히 미술 해부학에서는 키를 얼굴의 길이로 나눈 몫을 두신지수頭身指數라고 해요. 즉 팔등신은 '두신지수가 8이 되는 몸이나 그런 사람'을 가리킵니다.

실제로는 팔등신에 알맞는 사람을 찾기가 어려워요. 조각상 〈밀로의 비너스〉는 그리스 밀로스섬에서 발견된 이후 팔등신의 대명사로 알려졌습니다. 하지만 최근 이 조각상을 실측해 보니 신장은 204센티미터지만 머리 길이는 26.7센티미터라서 팔등신에 미치지 못한다고 밝혀졌어요. 실제로 존재할 가능성이 거의 없는 인체 비례가 적용된 것이었죠. 그런데도 미술 해부학에서는 대체로 성인 남성의 몸을 7.5등신으로 잡고, 많은 미술가가 이 비례를 기준으로 그림을 그린다고 합니다.

이쯤에서 궁금해집니다. 대부분의 사람이 팔등신이 아닌데, 팔등신은 도대체 언제부터 이상적이고 균형 잡힌 몸의 기준이 되었을까요?

고대 그리스인이 생각한 이상적인 아름다움

팔등신에 얽힌 비밀을 알아보려면 약 2500년 전 고대 그리스로 돌아가야 해요. 특히 고전기classical period라는 시기에 주목해야 합니다. 도시국가 아테네가 민주주의를 실시하고 페르시아 전쟁에서 승리하면서 그리스 최고의 도시국가가 되고 문화를 꽃피웠던 시절입니다. 이때 서구 문명의 본류가 형성되고, 문학을 비롯한 예술에서 걸작들이 탄생했어요.

고대 그리스인은 신이 인간의 모습을 하고 있다고 생각했어요. 그래서 인체를 모든 사물의 측정 기준으로 삼았습니다. 그중 길이에 관한 예를 늘어 볼게요. 지금은 미터법이 미국, 미얀마, 라이베리아를 제외한 국가에서 국제 표준이지만, 전통적으로 서양에서는 피트feet(1피트는 약 30.48센티미터)라는 단위를 많이 사용했어요. 피트는 발을 뜻하는 풋foot의 복수형으로, 성인 남성의 발 길이에서 비롯되었습니다. 또한 메소포타미아에서는 큐빗cubit(1큐빗은 약 45.72센티미터)이라는 단위로 길이를 쟀는데, 이는 팔꿈치에서 가운뎃손가락 끝까지의 길이를 의미합니다.

동양에서도 길이를 잴 때 사람의 몸을 종종 기준으로 삼았습니다. '한 치 앞도 보지 못한다'는 말을 흔히 쓰는데요. 이때 '치'는 약 3.03센티미터입니다. 이 '치'의 열 배에 해당하는 단위는

'자'예요. 중국에서 기원한 최초의 '자'는 성인 남성이 손을 최대한 벌렸을 때 엄지부터 가운뎃손가락까지의 길이(약 23센티미터)를 기준으로 했다고 합니다.

고대 그리스에서는 특히 균형 잡힌 젊은 남성의 몸이 아름다움의 근원이라고 생각했고, 운동으로 몸을 가꾸는 것을 미덕으로 여겼습니다. 많은 고대 조각상이 남성 누드인 이유를 이제 알 만하지요? 고대 그리스인이 생각하는 아름다움은 그저 외모에만 그치지 않았습니다. 몸을 가꾸면 건전하고 아름다운 정신도 갖출 수 있다고 믿었습니다. 이처럼 고대 그리스에서 아름다움이란 이상적이며 절대적인 개념이었어요. 정신과 육체의 아름다움이 결합되어야만 최고의 선에 도달할 수 있다고 생각했지요.

기원전 5세기 무렵에 활동한 그리스의 조각가 폴리클레이토스는 책 《카논》에서 고대 그리스인이 이상적으로 여긴 남성의 몸을 최초로 발표했습니다. 《카논》은 책 제목이기도 한 카논^canon 을 "수학적 비율을 토대로 이상적인 몸의 비례와 몸을 움직인 상

의사소통 능력 UP

우리는 규칙적이고 정리된 것을 보면서 아름다움과 편안함을 느낍니다.
그렇다면 불규칙적인 것은 아름답지 않을까요?
찬성과 반대의 근거를 들어 토론해 보세요.

태에서 균형(시메트리아)을 꾀하는 개념"이라고 설명해요. 실제보다는 수학을 바탕으로 인체 비례의 기준을 정하고, 전신에서 여러 인체 부위의 조화와 균형을 의도했던 것이죠.

하지만 카논, 즉 수학이 제시하는 인체 비례에 따라 인체 조각을 구상하면 실제로 완성된 작품은 현실에 존재하기 어려운 '이상적인' 아름다움이 될 수 있어요.

완벽한 조각상은 몇 등신일까?

기록에 따르면 폴리클레이토스는 《카논》에서 자신이 만든 〈창을 든 남자〉(또는 〈도리포로스〉)를 예로 들어 카논을 설명했다고 합니다. 폴리클레이토스는 기원전 450~440년 무렵에 청동으로 〈창을 든 남자〉를 만들었다고 알려져 있는데, 아쉽게도 원작은 전해오지 않습니다. 그 대신 이 청동 조각상을 로마 시대에 대리석으로 복제한 작품이 여러 점 남아 있습니다.

고전기 이전의 인물 조각상은 대체로 얼음 속에 갇힌 듯 딱딱하게 굳어서 정면을 바라보는 형태입니다. 반면 폴리클레이토스의 〈창을 든 남자〉를 포함한 고전기의 조각상은 마침내 얼음을 깨고 나온 것처럼 보입니다. 역동적인 자세를 취하며 생생한 신

체를 드러냈어요. 〈창을 든 남자〉는 올림피아 제전(고대 올림픽)에
참가한 운동선수가 창을 들고 자연스럽게 걸음을 떼는 모습을
묘사했습니다. 폴리클레이토스는 이처럼 젊은 운동선수의 움직
임을 주로 조각의 소재로 삼았어요.

　〈창을 든 남자〉를 자세히 보세요. 몸의 근육과 뼈대가 사실적

〈창을 든 남자〉(폴리클레이토스의 기원전 440~450년경 청동 원작을 복제),
대리석, 나폴리 국립 고고학 박물관
운동선수 또는 영웅 아킬레우스를 나타냈다고 알려진 조각상입니다.
남자가 창을 들고 한 발자국을 떼려고 하는 순간이 잘 나타났죠?

으로 나타나 있죠? 자세를 보면 한쪽 다리를 구부려 무게중심을 다른 쪽 다리로 옮기고 있어요. 몸이 완만한 곡선을 그리면서 자연스럽고 사실적으로 느껴지지 않나요? 이런 자세를 '대칭적 조화'라는 의미의 **콘트라포스토**contrapposto라고 합니다. 콘트라포스토는 고전기 그리스 조각의 가장 중요한 요소 중 하나랍니다.

안타깝게도 폴리클레이토스의 《카논》은 현재 일부 내용만 전해지고 있어요. 그렇지만 그의 책이 나온 지 수백 년 후인 2세기에 고대 그리스의 의학자 클라우디오스 갈레노스는 〈창을 든 남자〉가 남성의 누드를 완벽한 비례로 묘사했으며, 그리스인이 추구한 조화와 아름다움을 시각적으로 표현한 완벽한 예시라고 주장했습니다. 이후 〈창을 든 남자〉는 20세기에 이를 때까지 유럽 조각상의 기준이 되었어요.

그렇다면 〈창을 든 남자〉는 몇 등신일까요? 놀랍게도 팔등신이 아닌 칠등신이랍니다. 폴리클레이토스는 칠등신을 가장 아름다운 신체 비례로 여겼던 거예요.

팔등신의 기원

그럼 우리가 알고 있는 이상적인 인체 비례인 팔등신은 어디서 비롯되었을까요? 폴리클레이토스의 《카논》은 후대 조각가들에게 대단한 영향을 미쳤어요. 로마의 장군이자 정치가였던 가이우스 플리니우스가 쓴 《박물지》에 따르면 폴리클레이토스를 계승한 후대 조각가 중에 기원전 4세기에 활동한 리시포스가 "폴리클레이토스와 완전히 다른 인체 비례의 카논을 소개했다"고 합니다.

알렉산드로스 대왕의 공식 조각가였던 리시포스의 원작 청동상은 현재 전해지지 않아요. 하지만 리시포스의 청동상을 로마 시대에 대리석으로 복제한 〈몸을 닦는 남자〉(또는 〈아폭시오메노스〉)를 보면 리시포스가 창안한 새로운 인체 비례인 팔등신이 어떤 것인지 알 수 있어요.

앞서 고대 그리스인 중에서도 특히 젊은 남성은 운동으로 몸을 가꾸었다고 말했지요. 고대 그리스를 계승한 로마 문화에서는 운동선수들이 운동을 마치면 금속으로 만들어진 곡선의 도구(로마에서는 '스트리질strigil'이라고 불렀어요)로 몸에 묻은 땀과 먼지를 털어 내고 몸을 닦았다고 해요. 〈몸을 닦는 남자〉는 오른팔을 앞으로 뻗어 몸 아래쪽을 이 도구로 털어 내는 장면을 묘사했습니다.

높이가 2.05미터에 달하며 실물보다 약간 더 크게 만든 〈몸을 닦는 남자〉는 폴리클레이토스의 〈창을 든 남자〉처럼 콘트라포스토 자세를 취하고 있습니다. 그리고 팔을 앞으로 뻗어서 운동

〈몸을 닦는 남자〉(리시포스의 기원전 4세기경 청동 원작을 복제),
대리석, 기원전 1세기경, 로마 바티칸 미술관
아쉽게도 손가락 부분은 떨어져 나갔지만,
앞으로 뻗은 팔이 여러분의 어깨를 두드릴 것만 같지 않나요?

감을 나타내고 있어요. 이 조각상 앞에 서서 지금은 부서져 사라진 손가락들이 있다고 상상해 보면, 그 손이 금방이라도 내 어깨를 두드릴 것 같아요. 그만큼 조각상이 살아 있는 것처럼 생생하게 느껴진다는 것이지요.

〈몸을 닦는 남자〉는 칠등신인 폴리클레이토스의 〈창을 든 남자〉보다 머리 크기가 약간 작아서 인체 비례가 팔등신에 가깝습니다. 팔다리도 길고 가늘죠. 그래서 2.12미터의 〈창을 든 남자〉와 키는 엇비슷하지만, 〈몸을 닦는 남자〉가 더 커 보이고 우아한 느낌을 줍니다.

고대의 인체 비례 개념은 르네상스 시대 미켈란젤로에 와서는 구등신, 십등신, 때로 십이등신에까지 이르렀다고 합니다. '지연에 존재하지 않는 조화와 아름다움'을 표현하려고 한 것이지요. 인체 비례의 역사를 알아보니 팔등신이 곧 조화와 아름다움을 추구하려 했던 예술가의 고안물이었다는 생각이 듭니다. 또한 이상적인 인체 비례가 칠등신에서 팔등신으로 변화한 것처럼 시대에 따라 몸을 바라보는 시각도 달라졌다는 것도 알 수 있어요. 그러니 여러분의 비율이 칠등신이나 팔등신에 미치지 않는다고 해서 실망할 필요 없어요. 우리 몸은 비율과 관계없이 있는 그대로 완벽하니까요.

그림에서 입체감이
느껴지는 건 착시일까요?

원근법이 주는 생생함 〈성 삼위일체〉

마사초, 〈성 삼위일체〉,
프레스코, 1425~1428년경, 피렌체 산타 마리아 노벨라 성당

성부, 성자, 성령의 결합을 그린 이 작품은 당시 쓰이지 않던 원근법을 이용했습니다.
당시 완성된 벽화를 보고 피렌체 시민들이 깜짝 놀란 이유를 알 만하네요.

멀리 있는 것이 작게 보이고 가까이 있는 것이 크게 보인다는 것은 누구나 아는 사실이죠. 그런데 사물이 거리에 따라 크고 작게 보이는 3차원 공간을 어떻게 2차원 평면에 나타낼 수 있을까요? 3차원 공간을 2차원 평면에 구현하는 일은 동굴벽화를 그리던 시대부터 15세기에 이르기까지 많은 예술가의 숙제였답니다.

15세기 초 피렌체에서 3차원 공간을 2차원 평면에 옮겨 놓는 획기적인 방식이 나타납니다. 바로 원근법이에요. 원근법을 수학적으로 체계화한 사람은 이탈리아의 건축가 필리포 브루넬레스키입니다. 브루넬레스키는 피렌체 대성당에 지름이 43미터에 이르는 거대한 돔을 올리며 주목받은 바 있어요.

왼쪽의 〈성 삼위일체〉라는 벽화는 이탈리아의 화가 마사초가 브루넬레스키가 정리한 원근법을 적용해 그린 작품입니다. 그럼 원근법을 더 자세히 알아볼까요?

최초의 원근법 그림

오늘날 우리는 원근법을 회화 기법으로 여기지만, 사실 원근법은 기하학에 바탕을 둔 수학이랍니다. 기하학은 도형이나 공간의 성질을 다루는 학문을 말해요. 수학으로 설명하면 원근법은 도형의 성질인 닮음과 비례 관계를 이용한다고도 볼 수 있어요. 예를 들어 높이가 같은 두 그루의 나무가 있고, 시점으로부터 거리가 각각 1미터, 2미터 떨어져 있다고 합시다. 같은 높이의 나무지만 원근법을 이용해 그림을 그리면 눈에서 나무까지 거리가 멀수록 화면에 나타나는 나무의 높이가 줄어드는 반비례가 성립한다는 것을 알 수 있어요.

$$\text{화면 위 나무의 높이} = \frac{1}{\text{시점으로부터 나무까지의 거리}}$$

브루넬레스키는 이러한 수학적 개념을 적용해 실험함으로써 원근법을 체계화했습니다. 그에 이어 이탈리아의 건축가 레온 바티스타 알베르티가 단일 소실점을 이용해 캔버스 같은 2차원 평면에 3차원적 환영을 만들어 공간을 그리는 선원근법(투시도법) 체계를 완성했어요. 선원근법을 적용하면 화면에서 시선과 평행하는 모든 직선이 하나의 소실점으로 모이며, 화면의 모든 물체는 거리에 비례해서 크기가 작아집니다. 이러한 선원근법으로 화면은 수학적 비례가 일관되게 적용되는 하나의 공간이 됩니다.

르네상스 미술가들은 고대 그리스의 초기 고전기에 개발된 단축법, 원근법, 명암법을 더욱 발전시켜 화면에 그린 물체를 실제 사물로 착각할 정도로 세세하게 그렸습니다. 여기서 **단축법**은 대상을 정면이 아니라 위아래 또는 비스듬히 바라보며 대상을 실제보다 짧아 보이게 그리는 기법입니다.

그렇다면 브루넬레스키가 체계화한 원근법을 처음으로 그림에 적용한 화가는 누구일까요? 잠깐 말했듯이 마사초입니다. 그가 그린 〈성 삼위일체〉는 원근법을 사용한 최초의 그림이에요. 삼위일체는 성부(하느님), 성자(예수 그리스도), 성령(하느님의 영)의 세 위격이 하나의 실체인 하느님 안에 존재한다는 그리스도교의 가르침입니다. 〈성 삼위일체〉를 보면 실제 사람 크기보다 큰 예수 그리스도가 십자가에 매달려 있어요. 그리스도의 뒤편에서는 하느님이 십자가를 받쳐 들고 있고요, 그 아래층에는 마리

사고력 UP

입체감이 있는 대상을 찾아보고,
왜 그 대상에서 입체감이 느껴지는지 설명해 보세요.

아와 사도 요한이, 또 그 아래층에는 독실한 신자가 무릎을 꿇고 있습니다. 성부인 하느님을 중심으로 삼각형 구도를 이루어 삼위일체三位一體라는 주제와 화면의 구도가 일치하지요.

화면에서 위쪽을 보세요. 마사초는 고대 로마의 아치형 개선문에서 영감을 얻어 터널처럼 보이는 가상의 천장을 그렸습니다. 천장의 격자 문양으로 소실점이 감상자 눈높이에 모이도록 했어요. 그래서 그림을 올려다보면 원근법의 규칙에 따라 그림 속 공간에 들어가 있는 것처럼 느껴지죠. 이 거대한 벽화가 처음 공개되었을 때 피렌체 시민들은 벽에 구멍이 뚫린 줄 알고 매우 놀랐다고 합니다.

하지만 소실점이 하나인 원근법(1점 투시)만으로 3차원 공간감이 완성되었다고 보기는 어려워요. 마사초는 예수의 상반신을 실제처럼 세밀히 묘사하고, 옷 주름의 명암을 잘 나타내 인물과 사물의 입체감과 무게감을 표현했어요. 선원근법으로 공간을 표현한 그림에 종이인형처럼 편편한 인물이 들어가 있다고 상상해 보세요. 3차원 공간감과 어울리지 않아 어색해 보이겠죠? 마사초는 그라데이션gradation 효과처럼 단계적으로 변화하는 명암으로 사물의 입체감과 무게감을 표현하는 기법을 처음으로 시도한 화가였답니다. 선원근법과 명암법의 합작이 그림을 더욱 실제처럼 보이게 한 것이지요.

소실점이 여러 개일 수 있을까?

15세기를 지나면서 화가들은 점차 원근법에 익숙해졌어요. 정확히 계산해서 공간을 분할하고 원하는 사물을 보이는 대로 그렸지요. 이제 소실점이 하나인 선원근법(1점 투시)뿐만 아니라 감상자의 눈높이와 일치하는 수평선에 소실점을 하나 더 만들어서 두 개의 소실점으로 공간의 입체감을 나타낼 수 있게 되었어요. 나아가 서로 다른 각도에 놓인 사물들의 입체감을 나타내도록 소실점의 개수를 조절하는 수준에 이르렀답니다.

그럼 소실점이 두 개인 그림을 한번 볼까요? 19세기 후반 프랑스의 인상주의 화가 귀스타브 카유보트가 그린 〈파리의 거리, 비 오는 날〉이라는 작품이에요.

해가 구름에 가린 날의 희끄무레한 분위기가 화면에 가득하네요. 사람들이 우산을 들고 다니는 걸 보면 비가 오고 있나 봐요. 화면을 반으로 가르는 초록색 가로등 오른쪽에는 우리를 향해 걸어오는 것처럼 보이는 두 남녀가 있고요, 그들 오른쪽에는 반대 방향으로 걸어가는 남자의 뒷모습이 절반쯤 보여요. 남자는 길을 비켜 주느라 우산을 비스듬히 기울였네요.

가로등 왼쪽을 볼까요? 단단한 돌로 포장된 도로에 빗물이 괸 모습이 앞면을 차지합니다. 앞쪽의 두 남녀 뒤쪽에 있는 사람들

귀스타브 카유보트, 〈파리의 거리, 비 오는 날〉,
캔버스에 유채, 1877년, 시카고 미술관
9세기 중반 프랑스는 어떤 모습이었을까요?
이 작품은 2점 투시로 비 오는 날 대기가 희뿌연 파리를
공간감이 잘 드러나게 그려 냈습니다.

은 저마다 우산을 쓰고 갈 길을 가는데요, 뒤쪽에 있는 만큼 작게 그려져 있습니다. 멀리 보이는 건물은 마치 여섯 조각으로 나눈 둥근 케이크의 한 조각 같아요. 두 거리 사이에 자리한 건물이 그림을 보는 우리 쪽으로 튀어나와 있어서 공간감이 드러납니다. 이 건물 주변에 그려진 사람들의 크기와 앞쪽 두 남녀의 크기를 비교해 보세요. 그림 앞쪽의 두 남녀가 크게 그려져서 우리가 그림 속에 들어가 있는 듯한 착각을 불러일으켜요. 작품 크기가 2미터가 넘는 만큼 이 작품을 실제로 보면 앞쪽의 두 남녀가 실제 사람처럼 보인답니다.

이러한 느낌은 그림에 적용된 2점 투시(소실점이 2개인 선원근법) 때문에 더욱 강해집니다. 가운데 초록색 가로등을 기준으로 화면 왼쪽의 소실점은 건물 왼쪽 거리 끝이고요, 화면 오른쪽의 소실점은 케이크처럼 생긴 건물 오른쪽 거리의 끝, 가로등의 지지대 높이 정도에 있어요. 이 그림에서 수평선은 뒤쪽 건물들이 서 있는 바닥으로, 두 소실점이 위치한 곳일 겁니다. 앞쪽 두 남녀의 눈높이 정도겠네요. 공간감과 입체감을 느끼게 하는 선원근법, 이제는 좀 이해가 되나요?

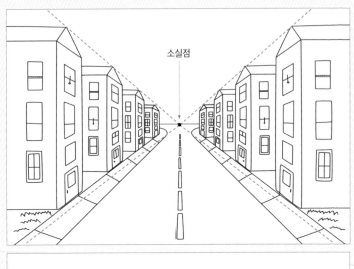

소실점

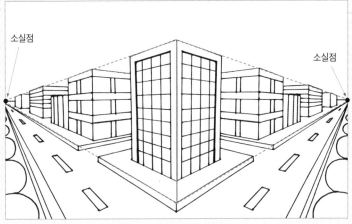

소실점

소실점

1점 투시(위)와 2점 투시(아래)의 비교

그림에서 공간감과 입체감이 느껴지는 것은 선원근법이 주는 효과랍니다.

원근법에도 한계가 있다

오랫동안 원근법은 눈에 보이는 세계를 그릴 수 있는 완벽한 방법으로 알려졌어요. 하지만 원근법에는 결정적인 모순이 있답니다.

우선 사람은 눈을 움직이며 사물을 다양한 관점으로 바라봅니다. 하지만 원근법에서는 눈과 소실점을 하나로 가정합니다. 또한 사람의 눈은 눈망울부터 그 안쪽에 있는 망막까지 구면으로 이루어져 있어요. 원근법이 아무리 3차원 공간을 사실적으로 묘사하는 듯 보여도 육안으로 보는 세계와는 다를 수밖에 없는 것이죠. 그렇기에 지금은 원근법을 그대로 적용하지 않고, 변형하거나 대체 가능한 원리로 받아들이고 있습니다. 원근법은 수학적으로 추상화해서 구성한 체계이니 특정 시대에 인간이 고안한 표현 방식 중 하나로 이해해야 한다는 거예요.

이후 사진이 발명되면서 화가들은 실제와 똑같이 그려야 한다는 사고방식에서 해방되었어요. 지금은 많은 화가가 원근법처럼 특정 시점에 고정되지 않고 여러 시점에서 사물을 바라보며 그림을 그린답니다.

수학적 증명을 역설한
그림이 있다고요?

평행선 공준의 모순과 〈유클리드의 산책〉

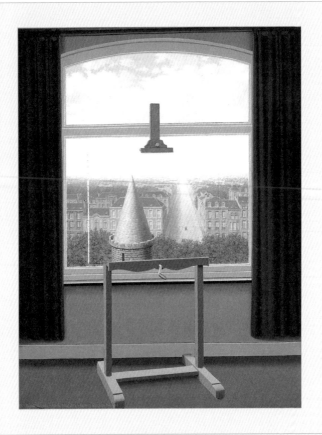

르네 마그리트, 〈유클리드의 산책〉,
캔버스에 유채, 1955년, 미네소타 미니애폴리스 미술관

보면 볼수록 알쏭달쏭한 그림입니다. 보고 있으면 이상한 나라의 앨리스가 된 듯한
기분이 들어요. 여러분은 이 그림이 무엇을 나타내는 것 같나요?

유클리드라는 이름, 어디선가 들어 본 것 같지 않나요? 네, 맞아요. 유클리드는 기원전 4세기의 수학자입니다. 유클리드의 원래 이름은 그리스어로 에우클레이데스인데요, 발음하기가 쉽지 않죠? 그래서 영어권에서 부르는 대로 유클리드를 주로 쓰고 있어요.

유클리드는 고대 그리스의 수학자로, '기하학의 창시자'이자 '기하학의 아버지'로 불립니다. 고대 그리스와 로마 시대를 통틀어 최고의 수학자라고 일컬어지죠. 유클리드를 기하학의 창시자라고 부른다고 해서 유클리드 이전에 기하학이 존재하지 않았던 건 아니랍니다.

해마다 일정한 시기에 나일강이 범람했던 이집트에서는 **토지측량술**이 발달했어요. 강물이 범람해 땅의 경계선이 사라지면 누구의 땅이었는지 알 수 있게 땅의 경계선을 다시 그어야 했거든요. 이집트의 토지측량술은 그리스로 건너와서 체계적인 기하학이 되었습니다. 기하학을 영어로 지오메트리^{geometry}라고 하는데, 지오^{geo}는 '땅'을 메트리^{metry}는 '측량'을 의미합니다. 기하학이 땅을 측량하는 데서 유래되었다는 것을 알 수 있지요. 이때 기하학의 초

석을 놓은 것이 유클리드의 《기하학 원론》으로, 인류 역사상 가장 유명한 수학 고전입니다. 지금까지 성서 다음으로 전 세계에서 가장 많이 읽힌 책이기도 해요.

설명을 들으니 마그리트의 〈유클리드의 산책〉과 유클리드, 그리고 기하학의 관계가 궁금해지지 않나요? 그럼 하나씩 차근차근 알아볼까요?

유클리드의 공리와 공준

《기하학 원론》에서 유클리드는 기하학을 수립하면서 각각 다섯 가지 공리와 공준에서 시작해 465개의 정리를 증명했습니다. 이후 사람들은 《기하학 원론》을 기초로 기하학을 연구했어요.

유클리드의 5 공리

1. 같은 것과 같은 것은 서로 같다. (A = B, B = C이면 A = C다.)

2. 같은 것에 같은 것을 더하면 그 전체는 서로 같다.

   (A = B일 때 A + C = B + C다.)

3. 같은 것에서 같은 것을 빼면 그 나머지는 서로 같다.

   (A = B일 때 A − C = B − C다.)

4. 서로 겹치는 둘은 서로 같다.

5. 전체는 부분보다 크다.

유클리드의 5 공준

1. 임의의 점으로부터 다른 임의의 점에 대해 직선을 그을 수 있다.

2. 유한의 직선을 계속 곧은 선으로 연장할 수 있다.

3. 임의의 점을 중심으로 하고 임의의 선을 반지름으로 하는 원을 그릴 수 있다.

4. 모든 직각은 서로 같다.

5. 임의의 직선 밖의 한 점을 지나면서 그 직선과 평행하는 직선은 하나뿐이다. 따라서 평행선들은 결코 서로 만나지 않는다.

(평행선 공준)

　

유클리드의 다섯 가지 공준에서 제5 공준이 특히 유명합니다. 제5 공준은 **평행선 공준**이라고도 알려져 있어요. 많은 사람이 평행선 공준은 다른 공리와 공준과 달리 복잡하며 질적으로 다르다고 여겨 이를 부정하는 기하학 이론 체계가 오랫동안 시도되었어요. 결국 19세기에 제5 공준은 증명될 수 없다는 결론이 나왔고, 이 공준의 반대 상황을 가정해도 모순이 없다는 사실이 밝혀졌습니다.

보이는 게 다가 아니다

유클리드의 평행선 공준이 맞지 않을 수 있다는 것을 보여 주는 미술 작품이 있습니다. 바로 벨기에의 초현실주의 화가 르네 마그리트의 유화 〈유클리드의 산책〉입니다.

그림을 살펴볼까요? 우선 양쪽에 어두운 색 커튼을 드리운 창이 눈에 들어옵니다. 창 앞에는 이젤이 서 있고요, 창밖으로 꼭대기가 원뿔형인 탑이 창과 가장 가까이 있네요. 푸른 숲 너머 멀리 뻗어 있는 길 양옆으로는 도시의 건물들이 늘어서 있습니다. 지평선을 향해 좁아지는 넓은 길에 두 사람이 걷고 있는 듯해요. 지평선 위로는 흰 구름이 가득한 하늘이 보이네요. 이렇게 보면 평범한 창밖 풍경 같아요.

창틀 가운데를 가리고 있는 막대기는 무엇일까요? 이젤의 한 부분이군요. 그러고 보니 창문 왼쪽에는 흰색 세로선이 하늘까지 뻗어 있어요. 캔버스 나무틀 옆면일 수도 있겠네요. 아! 그렇다면 이젤에 창밖 풍경으로 보이는 그림이 놓여 있는 것이겠군요? 그림 속에 그림이 있는 구성이네요. 깜박 속을 뻔했어요. 어때요? 이 그림을 그린 마그리트는 꽤 재미있는 생각을 한 것 같죠?

마그리트는 〈유클리드의 산책〉처럼 그림 속 그림을 표현하는 것은 물론 상식과 고정관념을 깨고 역설을 잘 그려 냈습니다. 그의 그림을 보면 어디까지가 그림이고 어디까지가 사실인지 구분하기 어려워요. 사실과 그림이 계속 엎치락뒤치락하는 느낌이라고나 할까요?

〈유클리드의 산책〉에서 마그리트는 원근법을 통해 유클리드의 제5 공준인 평행선 공준이 옳지 않을 수 있다고 넌지시 암시합니다. 앞서 알아보았듯이 선원근법을 적용하면 평행하는 두 직선이 하나의 소실점에서 만나게 되므로, 평행선끼리 절대 만나지 않는다는 평행선 공준은 맞지 않게 되는 것이에요.

다시 〈유클리드의 산책〉을 보면 원뿔 모양의 탑과 멀리 뻗어나가는 길을 나란히 놓았어요. 이러한 배치는 마치 원뿔(탑)이 하나의 꼭짓점에서 만나는 도형인 것처럼 평행하는 두 직선으로 이루어진 길도 결국 하나의 점(소실점)에서 만난다는 것을 강조하는 듯합니다. 더욱이 마그리트는 3차원 도형인 원뿔 모양의 탑과 길을 비슷하게 그렸습니다. 이 둘이 차지하는 공간은 분명히 다르지만 2차원 평면인 그림에서는 닮을 수밖에 없음을 표현

탐구력 UP

초현실주의는 미술뿐만 아니라 문학, 영화, 사진 등 예술 전반에서 나타납니다.
이러한 초현실주의는 보이는 것을 그대로 그리지 않는다는 특징이 있죠.
이 외에 어떤 특징이 있는지 찾아보세요.

했어요.

또한 원뿔 모양을 입체적으로 보이게 하는 명암과 길 옆 건물의 그림자 또한 그림 속 눈속임 장치라고 지적해요. 그림에서 3차원 공간을 실제처럼 생생하게 나타낸다고 해도 그림은 결국 2차원 평면에 불과하다는 사실을 보여 주지요. 마그리트가 〈유클리드의 산책〉에서 표현하려고 했던 것이 정말 많네요. 보이는 대로 봤을 때와 그림이 사뭇 다르게 느껴지죠?

마그리트는 그림이라는 상상의 세계를 통하면 일상에서 자명하게 받아들이는 유클리드의 평행선 공준도 그렇지 않을 수 있음을 보여 줍니다. 〈유클리드의 산책〉은 한계에 도전하는 미술 작품이라고 평가할 수 있어요.

우리는 흔히 멋진 경치를 보면 '그림 같은 풍경'이라고 말합니다. 과연 그림과 실제는 얼마나 가깝고도 멀까요? 〈유클리드의 산책〉에서 닮은꼴로 그려진 원뿔과 소실점으로 향하는 두 평행선, 길을 걸어가는 개미처럼 보이는 두 사람, 창밖 풍경인지 창밖을 그린 그림인지 헷갈리게 하는 이젤과 캔버스. 이 그림이 던지는 수수께끼를 풀려고 할수록 우리는 그림 속 창문 앞에 서 있는 것처럼 느끼게 됩니다. 감상자가 허구의 세계의 일부가 되는 거예요.

이 작품은 실제처럼 보이기 위해 동원하는 원근법, 명암 등이

2차원 평면이면서 3차원 공간인 체하는 그림에 얼마나 부질없는 장치인지 느끼게 합니다. 마그리트는 보이는 게 다가 아니고, 보이는 사물은 언제나 다른 보이는 사물을 숨기고 있다는 것을 우리에게 알려 주고 싶었나 봐요.

"나는 수수께끼를 푸는 게 아니라 그것을 창조하길 원한다." 마그리트가 남긴 말인데요, 좀 전까지 우리는 마그리트의 그림의 수수께끼를 해결하려고 했네요. 마그리트의 바람대로 하지는 못했지만, 머리가 지끈거리는 기하학과 유클리드의 평행선 공준도 왠지 익숙해지는 기분이 듭니다. 이 기분은 사실일까요? 허구일까요? 마그리트가 이 질문에 어떤 표정을 지을지 궁금하네요.

3교시

○

──── 문학 시간 ────

문학 × 미술 빙고!

성서	구약	신약	밀라노 칙령
메디치 가문	윤동주	색채 대비	일제 강점기
창씨개명	단테 《신곡》	지옥	연옥
천국	월계관	신고전주의	낭만주의

얼마나 알고 있는지 체크해 볼까요?

인류 최고의 베스트셀러는 왜 성서일까요?

〈천지창조〉가 시스티나 성당의 천장화가 된 배경

미켈란젤로 부오나로티, 〈아담의 창조〉(〈천지창조〉의 일부),
프레스코, 1511~1512년, 로마 바티칸 미술관

바티칸 미술관 안에 있는 시스티나 성당의 천장에는 〈천지창조〉가 그려져 있어요.
잘 알려진 〈아담의 창조〉는 그중 네 번째 부분에 있답니다.

지금 보고 있는 그림의 제목을 아나요? 미켈란젤로가 로마 바티칸의 시스티나 성당 천장에 그린 〈아담의 창조〉입니다. 여러 분야에서 자주 패러디되는 그림이라 한 번쯤 본 기억이 있을 거예요.

천사들에게 둘러싸인 창조주 하느님은 최초의 인간 아담에게 오른팔을 뻗고 있습니다. 아담의 왼손 검지에 자신의 오른손 검지를 닿게 하려는 듯 보여요. 아담은 고개를 살짝 기울이고 있어 어쩐지 수줍어 보이는군요. 그는 존경을 담은 눈빛으로 창조주를 바라보며 순종하듯 왼팔을 차분히 내밀었어요. 보통은 창조주에게 생명을 얻는 장면이라고 풀이하는데요, 아담에게 이미 생명이 있으니 지성을 부여받는 장면이라고 보는 의견도 있어요.

여러분은 〈아담의 창조〉가 보여 주는 이야기가 어디서 나왔는지 알고 있나요? 바로 성서聖書입니다. 성서는 세계 3대 종교 중 하

사고력 UP

여러분이 생각하는 인류 최고의 베스트셀러는 무엇인가요?
고전 중에서 한 권을 골라 보고, 그 이유도 설명해 보세요.

나인 그리스도교의 가르침을 담은 책으로, 흔히 성경이라고도 부릅니다. 역사상 가장 많이 팔리고 가장 많이 읽힌 책으로도 유명하지요. 성서 전문은 500개가 넘는 언어로, 《신약성서》는 무려 1,800개가 넘는 언어로 번역되었어요. 우리나라에서도 성서는 해마다 150만 부 정도가 꾸준히 팔린다네요. 세계 최고의 베스트셀러답죠?

인류가 2000년 동안 읽어 온 성서는 보물 상자 같기도 합니다. 노아의 홍수, 홍해를 가른 모세, 거인 골리앗을 물리친 소년 다윗, 예수의 탄생과 십자가에서의 죽음 그리고 부활과 승천까지, 놀라운 이야기들이 가득 담겨 있지요. 이러한 성서 속 이야기는 〈아담의 창조〉처럼 수많은 그림으로 탄생했답니다.

전 세계 베스트셀러 1위의 역사

성서는 언제 누가 쓴 책일까요? 알려진 바에 따르면 약 3500년 전 모세로부터 1900년 전 사도 요한까지 40여 명의 저자가 1600년에 걸쳐 기록했다고 합니다. 또한 성서는 창세기부터 요한계시록까지 모두 합해 66권이에요. 예수의 탄생을 기준으로 《구약성서》 39권과 《신약성서》 27권으로 구성되지요. 그리스도교에서는 《구약성서》와 《신약성서》를 전통 경전으로 인정합니다.

구약과 신약이 무슨 뜻이냐고요? 여기서 말하는 '약^約'은 하느님과 인간 사이의 약속을 뜻해요. 그러니까 구약이란 인류를 죄와 파멸에서 구하는 구세주인 하느님을 보내 주겠다는 옛날의 약속이고, 신약이란 구세주가 다시 돌아올 것이라는 새로운 약속이라는 뜻이랍니다. 그렇다면 이스라엘 민족의 이야기에서 시작된 성서가 어떻게 세계에서 가장 많이 팔리고 읽히게 된 걸까요? 그 배경을 알아봅시다.

사대복음서, 다시 말해 《신약성서》의 네 가지 성서인 〈마태복음〉, 〈마가복음〉, 〈누가복음〉, 〈요한복음〉에 따르면 예수는 자신이 하느님의 아들이라고 밝히고 자신을 따르는 제자들과 함께 다녔습니다. 예수는 하느님은 잘못한 사람이라도 벌주지 않고 용서하며 모두를 사랑하시니, 하느님을 믿는 사람들도 용서하고 사랑해야 한다는 가르침을 펼쳤어요. 이런 가르침이 가난하고 병들어 소외받던 사람들에게 큰 호응을 얻었습니다.

예수를 따르는 이들이 점점 많아지자 당시 부와 권력을 누리던 이스라엘 민족의 지배층은 예수가 사람들을 선동해 왕이 되려 한다며 이스라엘 민족이 거주하던 유다 왕국의 로마 총독에게 고발했어요. 그 결과 예수는 십자가에서 숨을 거두지만 세상을 떠난 지 사흘 만에 부활해 약 40일 동안 사람들과 생활하다가 다시 하늘로 올라갔어요. 이처럼 예수가 인류의 죄를 대신해 십자가형을 받고 죽었다가 부활해서 구원을 증명했다는 것이 그리스도교의 가장 중요한 가르침이랍니다.

예수의 제자들은 이러한 가르침을 널리 전파했습니다. 그 시기 유다 왕국을 비롯해 지중해 일대 지역을 지배한 로마는 원래 다신교를 숭배했어요. 그 때문에 그리스도교 교인을 박해했지만 그리스도교를 믿는 사람은 점점 늘어났습니다. 결국 313년 로마의 황제 콘스탄티누스 1세가 밀라노 칙령을 발표해 그리스도교를 공인했고, 391년 그리스도교는 로마 제국의 국교가 되었답니다. 그리스도교는 로마 제국이 멸망한 후에도 1000여 년 동안 유럽 대부분의 나라에서 믿었어요.

유럽인의 삶과 예술에 깃든 그리스도교

이러한 배경에서 그리스도교는 유럽 세계관의 바탕이 되었고 서양의 학문과 예술, 문화에 커다란 영향을 끼쳤어요. 성서를 읽지 않고는 서양 문화를 제대로 이해할 수 없게 된 것이죠.

그중 대표적인 그리스도교 건축물인 성당을 예로 들어 볼게요. 성당에서는 그리스도교 교인들이 모여서 미사를 드리고 강론을

들었는데요. 중세에는 많은 사람이 글을 배우지 못한 터라 성당은 성서의 내용과 가르침을 담은 그림과 조각으로 내부를 장식했어요. 중세 이후 르네상스 시대에도 교회, 성당, 수도원을 성서 내용으로 꾸미는 전통은 계속 이어졌습니다(앞서 살펴본 〈최후의 만찬〉도 《신약성서》의 내용을 바탕으로 합니다). 미켈란젤로가 시스티나 성당에 천장화를 그릴 때 주제로 '천지창조'를 선택한 것은 그 당시에는 매우 당연한 일이었어요.

시스티나 성당의 천장은 길이가 약 40미터, 너비가 약 14미터에 이릅니다. 규모가 어마어마하지요? 미켈란젤로는 천장 한가운데를 〈아담의 창조〉를 포함한 〈창세기〉의 중요 사건 9개로 채웠답니다. 이 사건들은 배열 순서에 따라 〈빛과 어둠의 분리〉, 〈해와 달과 별의 창조〉, 〈땅과 바다의 분리〉, 〈아담의 창조〉, 〈이브의 창조〉, 〈아담의 창조〉, 〈원죄와 낙원 추방〉, 〈노아의 제사〉, 〈대홍수〉, 〈술에 취한 노아〉로, 〈천지창조〉라는 제목으로 완성되었어요.

천장 한가운데 9개 장면 중 크기가 작은 장면 옆에는 예수의 탄생을 내다본 구약의 예언자와 무녀들을 그린 12개의 그림이 있어요. 그리고 사방 네 모서리의 커다란 삼각형 공간에는 《구약성서》에 등장한 내용을 그려 넣었습니다. 그중 하나가 〈다윗과 골리앗〉이랍니다. 이외에도 천사와 남성 누드를 사이사이에

미켈란젤로 부오나로티, 〈천지창조〉, 프레스코, 1508~1512년, 로마 바티칸 미술관
미켈란젤로는 〈창세기〉에 등장하는 주요 사건들을 담아 거대한 천장화를 완성했어요.
〈아담의 창조〉가 어디에 있는지 찾아보세요.

그렸습니다.

미켈란젤로는 피렌체에서 자라면서 메디치 가문(13세기 말부터 동방 무역과 금융업으로 번성해 문예를 장려했던 이탈리아의 명문 가문)의 정원에 놓인 고대 조각상과 인체 해부학을 연구했습니다. 그 과정에서 화가가 아닌 조각가의 길을 택했어요. 하지만 그는 시스티나 성당에 예수의 열두 제자를 그리고자 한 교황 율리오 2세의 원래 계획을 바꿔 〈창세기〉를 포함해 《구약성서》의 내용으로

압도적인 작품을 그려 냈습니다.

　'창조주를 닮은' 위대한 인간들의 천장화는 규모만으로도 압도적이지요. 하지만 성서를 모른다면 그림에 담긴 내용을 이해할 수 없겠죠? 그래서 그리스도교를 믿지 않는 사람들도 성서를 집어들 수밖에 없는 거랍니다.

예술가들은 왜
밤하늘을 사랑할까요?

별을 꿈꾼 시인 윤동주와 화가 고흐

빈센트 반 고흐, 〈별이 빛나는 밤〉,
캔버스에 유채, 1889년, 뉴욕 현대 미술관

고흐의 대표작을 꼽으라고 하면 많은 사람이 이 작품을 말하지 않을까요? 찬란한
별빛 쇼가 펼쳐지는 밤하늘과 어둠 속에 잠들어 있는 마을이 대비되어 보여요.

여러분은 빈센트 반 고흐 하면 어떤 그림이 떠오르나요? 〈해바라기〉, 〈아몬드 꽃이 핀 나무〉, 〈붓꽃〉 등 정말 많지만 저는 지금 보는 〈별이 빛나는 밤〉과 〈론강의 별이 빛나는 밤〉, 〈밤의 카페 테라스〉처럼 밤하늘을 담은 그림들이 떠올라요. 그리고 보니 우리나라의 '국민 시인' 윤동주의 유고 시집 《하늘과 바람과 별과 시》와 그 외의 시에도 밤하늘과 별이 많이 등장하네요. 아래 시는 윤동주의 〈서시〉입니다.

죽는 날까지 하늘을 우러러
한 점 부끄럼이 없기를
잎새에 이는 바람에도
나는 괴로워했다.
별을 노래하는 마음으로
모든 죽어가는 것을 사랑해야지
그리고 나한테 주어진 길을
걸어가야겠다.

'바람에 스치우는 별'이 등장하는 〈서시〉 외에도 윤동주 시인은 〈별 헤는 밤〉에서 "나는 아무 걱정도 없이 가을 속의 별들을 다 헤일 듯"하다고 하며 "별 하나에 추억과 별 하나에 사랑과 별 하나에 쓸쓸함과 별 하나에 동경과 별 하나에 시와 별 하나에 어머니, 어머니"를 불러 봅니다. 또한 "이 많은 별빛이 내린 언덕 위에 내 이름자를 써보"기도 했죠. 이밖에도 밤하늘과 별을 사랑한 문학가와 예술가가 정말 많아요. 어째서 모두 별이 빛나는 밤하늘에 매혹되었던 걸까요?

장엄한 밤하늘에서 펼쳐지는 별빛 쇼

고흐는 "별을 보는 것은 언제나 나를 꿈꾸게 한다"는 말을 했습니다. 해 아래 모든 것이 드러나는 낮 시간에는 꿈보다는 현실이 앞서지요. 런던, 파리 등 유럽 이곳저곳에서 여러 직업을 전전하던 고흐에게는 밤하늘이 혹독한 현실을 그나마 제쳐 둘 수 있는 안식처였을 거예요.

1889년에 고흐는 〈별이 빛나는 밤〉을 비롯해 대표적인 명작들을 쏟아 냈습니다. 하지만 고흐의 현실은 안타깝기 짝이 없었죠. 그해에 고흐는 동생 테오가 말렸는데도 결국 프랑스 생레미에 있는 정신병원에 스스로 들어갔습니다.

고흐는 생레미 정신병원에 들어가기 전 프랑스 동남부에 있는 아를에 머물렀습니다. 그곳에서 1888년 초가을 무렵부터 밤하늘과 별을 그리기 시작했어요. 이때 즈음 완성한 작품이 〈론강의 별이 빛나는 밤〉(〈아를의 별이 빛나는 밤〉이라고도 불러요)과 〈밤의 카페 테라스〉입니다. 고흐는 훗날 밤의 풍경만이 지니는 효과를 현장에서 즉시 그려야 하는 문제로 골치가 아팠다고 밝혔습니다. 〈밤의 카페 테라스〉는 고흐가 실제로 아를의 중심가인 포룸 광장의 가스등 밑에서 그렸는데요, 그 모습이 신기했는지 지역 신문에 밤에 그림을 그리는 화가가 있다는 기사가 나올 정도였어요.

1889년 초여름, 고흐는 생레미 정신병원에서 〈별이 빛나는 밤〉으로 다시 밤하늘 그리기에 도전합니다. 싱그러운 밤공기 아래 그는 양초를 빙 둘러 붙인 모자를 쓰고 그림을 그렸어요. 〈밤의 카페 테라스〉의 배경인 포룸 광장처럼 가스등이 주위를 밝히는 곳이 아니었으니까요. 언제나 자연의 본모습을 그대로 접하고 싶어 했던 고흐는 먼저 자연을 관찰해 치밀하게 스케치했습니다. 이후 유화를 그릴 때 실제 밤하늘과 자신이 기억하는 밤하늘을

빈센트 반 고흐, 〈밤의 카페 테라스〉, 캔버스에 유채, 1888년, 오테를로 크뢸러 밀러 미술관
아를 중심가의 고요한 밤을 그린 이 작품은 또렷한 노란색으로 풍경을 묘사했습니다.

뒤섞어서 〈별이 빛나는 밤〉을 그렸답니다.

〈별이 빛나는 밤〉을 다시 살펴보세요. 화면 왼쪽 검푸른 사이프러스 나무가 불꽃처럼 타오릅니다. 당시 서양에서는 고대 그리스 때부터 죽음을 애도하는 의미로 무덤가에 사이프러스 나무를 주로 심었다고 합니다. 당시 고흐는 이 나무에 주목했어요. 멀리 교회의 뾰족탑이 보이는 마을은 검푸른 고요 속에 편안히 쉬고 있으며, 그 위의 하늘에는 주황과 노란색이 폭주합니다. 깊고 푸른 밤에 소용돌이처럼 노란 별빛이 휘감기네요. 이렇듯 고흐 작품의 특징은 강렬한 색채 대비입니다.

생레미의 밤하늘 풍경에서 시작된 〈별이 빛나는 밤〉 속 밤하늘은 고흐의 상상을 통해 별빛 쇼가 벌어지는 현장으로 변화했어요. 고흐는 사이프러스 나무와 쏟아지며 물결치는 별빛을 곡선으로 처리해 조화를 꾀했습니다. 더욱이 물감을 두껍게 칠해 이러한 곡선을 표현하고 붓질의 흔적도 뚜렷이 남겼지요. 고흐 작품의 또 다른 특징은 이처럼 붓놀림으로 색채 효과를 높이는 것이랍니다. 고흐는 동생 테오에게 1879년 6월에 보낸 편지에서 이렇게 말하기도 했어요.

"의미, 개념, 성격을 지닌 자연, 현실, 진실을 예술가는 펼쳐 보이고 표현하는 거야. (중략) 그리고 예술가는 그것들을 해방시키고 자유를 주며 해석하는 거야."

별 헤는 밤의 위로와 희망

윤동주 시인은 암울한 식민지 시대에 지금은 중국 땅이 된 북간도의 명동촌에서 태어났어요. 그는 1938년 지금은 연세대학교가 된 연희전문학교에 입학한 뒤 1941년에 졸업했어요. 이듬해에는 일본으로 유학을 떠나 릿교대학교와 도시샤대학교 영문학과에서 공부했습니다. 그러다 1943년 7월 일본에 저항하는 항일 운동을 했다는 혐의로 일본 경찰에 체포되었어요. 2년형을 선고받아 후쿠오카 형무소에서 지내던 그는 1945년 2월, 광복을 약 여섯 달 남기고 그곳에서 세상을 떠났습니다. 광복 이후 1948년 친구와 가족들이 그의 작품을 모아서 《하늘과 바람과 별과 시》라는 제목으로 시집을 출간했어요. 그의 아름다운 시를 읽을 수 있는 건 바로 그들 덕분입니다.

윤동주 시인이 살았던 시대는 우리말 대신 일본어를 써야 했어요. 창씨개명이 시행되었던 일제 강점기 말이었습니다. 창씨개명이란 우리식 이름을 일본식 이름으로 강제로 바꾸게 한 일제의 정책입니다. '일본식 성명 강요'라고도 불러요.

1941년 윤동주 시인의 연희전문학교 졸업사진
우리말을 마음대로 쓸 수 없었던 시대에 윤동주 시인에게 밤하늘은
위로이자 희망이 되어 주지 않았을까요?

 이러한 시대 배경에서 청년 윤동주에게 밤은 공식적으로 쓸
수 없던 우리말로 시와 이름을 쓰면서 꿈과 희망을 품을 수 있는
시간이었을 거예요. 앞서 소개했듯이 〈별 헤는 밤〉에는 윤동주
시인이 밤마다 겪었을 감정이 오롯이 담겨 있습니다.

 〈별 헤는 밤〉은 윤동주 시인이 연희전문학교에 다니던 시절에
쓴 시입니다. 산책을 좋아한 그는 밤에 하숙집을 나와 서울 종로
에 있는 인왕산 기슭을 걸어 언덕에 올라가 별을 올려다보았을

거예요. 별을 헤아리며 우리말 단어를 떠올리거나 나직이 읊조리고, 하숙집으로 돌아와서 이 시를 우리글로 끼적였을 그의 모습을 상상하니 가슴이 먹먹해지네요.

밤하늘이라는 무한한 영감

고흐는 밤하늘을 "별이 있는 장엄한 하늘, 결국은 신이라고밖에 볼 수 없는 영원의 세계"라고 표현하기도 했어요. 강렬한 색채와 붓놀림으로 밤하늘을 그리며 홀로 타향을 떠도는 고독을, 제어할 수 없는 상상을, 어쩌면 자기를 알아보지 못한 세상에 대한 서운함까지도 화폭에 풀어 놓지 않았을까 싶습니다.

윤동주 시인 역시 밤하늘과 별을 벗하며 아름다운 시를 남겼죠. 두 사람에게 낮은 현실이자 비정한 시간이었을 겁니다. 그렇기에 밤에 그림을 그리고 시를 쓰며 자기 자신을 위로하며 영원

사고력 UP

윤동주와 고흐는 밤하늘을 예술로 승화했습니다.
여러분이라면 나무, 바다, 해 등 자연물 중 어떤 것을 예술의 소재로 삼고 싶나요?
그 이유도 설명해 보세요.

의 세계에 닿고자 했던 게 아닐까요?

안타깝게도 두 예술가는 무척 짧은 삶을 살았습니다. 하지만 고흐가 구원을 바라며 열정을 쏟아 그린 밤하늘 그림과 윤동주 시인의 아름다운 시가 현재까지 전해지고 있습니다. 두 사람의 작품은 그들이 그랬듯 고통과 환희, 절망과 희망 사이에서 아슬아슬하게 줄타기하며 저마다 길을 걷는 이들을 위로합니다.

요즘은 도시의 밤을 밝히는 불빛이 너무 많아 별을 보기가 그야말로 하늘의 별따기입니다. 하지만 주위가 적막한 어느 곳에서 밤하늘을 우러러본다면 이제 윤동주 시인의 '바람의 스치우는 별'을 바라보고 '별 하나에 추억, 사랑'을 부르며, 고흐의 밤하늘 그림을 떠올릴 것 같네요.

사후 세계를 그린
작품이 있다고요?

단테 《신곡》에 영감받은 〈단테의 조각배〉

외젠 들라크루아, 〈단테의 조각배〉,
캔버스에 유채, 1822년, 파리 루브르 박물관

지옥의 영혼들이 조각배에 올라타려 하자 두려움에 다급해진 단테의 표정을 실감
나게 담아냈네요. 지옥이 어떤 곳일지 상상하게 되는 그림이에요.

여러분은 죽음 이후를 생각해 본 적 있나요? 죽음의 '죽'자도 듣기 싫다고요? 우리보다 훨씬 오래전에 살았던 사람들도 죽음에 대한 반응이 우리와 다르지 않았던 것 같습니다. 몸이 죽은 이후에도 영혼은 살아 있다고 여겼으니 말이지요.

그리스도교, 그중 로마가톨릭교를 믿던 중세 서양 사람들은 사후 세계를 지옥, 연옥, 천국이라는 세 영역으로 나누어 생각했어요. 하지만 아무도 사후 세계에서 어떤 일이 일어나는지 알 수 없었죠. 그런데 살아서 지옥을 체험하고 연옥과 천국까지 다녀온 사람이 있다는군요. 물론 자신의 상상력으로 빚어낸 세계에서 작중인물로서 말이죠. 바로 《신곡》이라는 위대한 작품을 쓴 13세기 이탈리아의 시인 단테 알리기에리입니다.

사고력 UP

사후 세계가 실제로 존재한다면 어떤 모습을 하고 있을 것 같나요?
자유롭게 상상해 글로 써보세요.

살아서 사후 세계를 다녀온 사람

먼저 당시 서양 사람들이 지옥, 연옥, 천국을 어떻게 생각했는지 알아볼까요? 지옥은 큰 죄를 짓고 죽은 사람들이 구원받지 못하고 끝없이 벌을 받는 곳이었습니다. 연옥은 죽은 사람의 영혼이 천국으로 들어가기 전에 남은 죄를 씻는 곳이었고요, 마지막으로 보통 하느님이 있는 이상 세계를 뜻하는 천국을 그리스도교에서는 이 세상에서 예수를 믿은 사람이 죽은 후에 갈 수 있는 영혼이 축복받는 나라라고 했습니다.

〈단테의 조각배〉의 배경이 된 단테의 《신곡》은 〈지옥 편〉, 〈연옥 편〉, 〈천국 편〉으로 구성된 3부작 장편 서사시로, 그리스도교의 사후 세계관을 다룹니다. 각 부마다 33곡으로 구성되는데, 〈지옥 편〉은 이 작품 전체를 여는 서곡이 붙어 34곡입니다. 따라서 총 100곡으로 이루어졌지요. 1곡이 150행 내외로 이루어져서 《신곡》은 총 1만 4,233행이나 됩니다. 분량이 어마어마하죠?

《신곡》에서는 〈지옥 편〉이 가장 유명합니다. 이후 그리스도교의 지옥을 그린 작품들 중에 〈지옥 편〉의 영향을 받지 않은 게 없다고 알려졌을 정도예요. 〈지옥 편〉은 어두운 숲속에서 길을 잃은 단테 앞에 그가 존경하던 고대 로마의 시인 베르길리우스가 나타나 안내자가 되어 주는 장면으로 시작됩니다. 단테는 베르길리우스의 뒤를 따르며 무시무시한 지옥의 문으로 들어서지요. 지옥의 입구를 시작으로 은혜를 배신한 죄인들이 벌을 받는 지옥의 밑바닥을 거쳐 그곳을 빠져 나오며 마무리됩니다.

〈지옥 편〉에 따르면 지옥은 아홉 단계를 거치며 깔때기 모양으로 땅속 깊숙이 들어가는 구조입니다. 깊이 들어갈수록 고통이 심해진다고 해요. 식탐, 탐욕, 분노, 폭력, 사기, 배신 등 지옥의 영역마다 많은 죄인이 벌을 받고 있는데, 그중에는 알렉산드로스 대왕(폭력을 휘두른 죄)처럼 유명한 인물도 있어요. 또한 죄인들이 갖가지 벌을 받는 모습이 매우 사실적으로 묘사되어 있습니다. 책을 읽으면 머릿속에서 저절로 묘사된 장면들이 그려져 몸서리가 처질 정도예요.

들라크루아가 그려 낸 지옥

유럽의 여러 화가와 조각가는 《신곡》에서 영감을 얻어 작품을 만들었어요. 물론 그중에서 지옥의 벌과 그 벌을 받는 영혼들의 고통을 실감 나게 그린 〈지옥 편〉이 가장 인기가 많았답니다. 외젠 들라크루아도 단테의 《신곡》 〈지옥 편〉을 바탕으로 〈단테의 조각배〉를 그렸어요 들라크루아가 그린 장면은 〈지옥 편〉 제8곡의 내용과 가장 비슷합니다. 제8곡은 단테와 베르길리우스가 고통스런 영혼과 악마의 무리가 사는 디스라는 이름의 도시를 둘러싼 스틱스 늪에 이르렀을 때의 이야기를 담고 있어요. 스틱스 늪에서 단테와 베르길리우스는 뱃사공 플레기아스가 모는 작은 배에 올라탑니다. 이때 진흙을 뒤집어쓴 분노한 죄인의 영혼이 단테에게 말을 걸며 배를 붙잡으려 하죠. 그러자 베르길리우스가 영혼을 밀쳐 내고 단테를 보호합니다. 배를 잡으려 했던 영혼은 진흙을 뒤집어쓴 무리에게 잡혀 찢기고, 자기 몸을 스스로 물어뜯습니다. 위기를 겪어 낸 조각배는 마침내 디스의 성벽 바깥에 도착하게 되는데요, 과연 들라크루아는 이 내용을 어떻게 그렸을까요?

〈단테의 조각배〉를 보세요. 저 멀리 붉게 타오르는 도시가 보이나요? 그곳이 바로 디스입니다. 이 도시는 어두운색 연기가 뭉게뭉게 피어오르고 무거운 회색빛 안개도 끼어 있어서 더욱 으스스하게 느껴져요. 디스가 화면 안쪽 저 멀리에 있는 걸로 봐서 단테, 베르길리우스, 플레기아스가 타고 있는 조각배는 아직 스틱스 늪(그림에서는 늪이라기보다는 호수처럼 보입니다)을 건너지 못한 것 같아요.

이 조각배를 둘러싸고 있는 인물들이 보이나요? 이들이 바로 분노한 죄인들의 영혼인가 봅니다. 배 후미를 물어뜯는 영혼이 있는가 하면, 배 옆구리에 바짝 붙어 배에 올라타려고 애쓰는 영혼도 있지요. 배를 뒤엎어 단테와 베르길리우스를 떨어뜨리려는 것처럼 보이기도 합니다.

배에는 살아 있는 사람인 단테가 타고 있습니다. 그래서 배는 죽은 영혼을 태웠을 때보다 무거워져 수면에서 더욱 깊이 들어가 물살을 가르고 있어요. 플레기아스는 화면 오른쪽에서 널따란 등을 보이며 아랑곳없이 노를 저을 것입니다. 영혼들이 배에 달라붙어 배가 들썩여서 성가실 텐데 말이죠. 그는 이러한 상황이 익숙한 듯합니다.

베르길리우스와 단테의 상반된 태도

〈단테의 조각배〉의 화면 가운데 있는 두 인물 중 누가 베르길리우스고 누가 단테일까요? 월계관을 쓴 사람이 베르길리우스입니다. 월계관은 고대 그리스에서 경기의 승리자에게 아폴론 신을 의미하는 월계수의 가지와 잎으로 만든 관을 씌워 준 것에서 기원해요. 그래서 명예와 영광을 상징합니다. 고대 그리스 이후에는 영웅과 시인에게 수여하는 영예의 표시가 되었어요. 베르길리우스는 《신곡》의 등장인물이자 장편 서사시 《아이네이스》를 쓴 고대 로마의 위대한 시인입니다. 유럽에서는 역대 최고의 라틴어 문학가이자 시의 성인으로 추앙받았죠. 들라크루아가 《신곡》에서 단테의 안내자로 등장하는 베르길리우스에게 월계관을 씌운 이유를 충분히 짐작할 수 있겠죠? 베르길리우스는 그림 전체 구도에서도 가운데에 있어 중심 역할을 합니다.

베르길리우스 옆에 서 있는 단테는 어떤가요? 단테는 붉은색 고깔처럼 보이는 모자를 쓰고 있어요. 단테의 초상화들에 붉은색 고깔을 쓴 모습이 많아서인지 들라크루아는 그림 속 단테에게도 붉은색 고깔을 씌워 그가 단테임을 알렸습니다. 별다른 동요가 없어 보이는 베르길리우스와 달리 단테는 잔뜩 겁을 먹은 것처럼 보이네요. 오른팔을 미리 쪽으로 들어서 다가오는 영혼들을 막으려는 듯 보입니다. 미간을 잔뜩 찌푸리고 입을 벌린 그의 표정을 보면 두려워하는 기색이 역력합니다. 베르길리우스는 단테의 왼손을 잡아 그를 진정시키려 하네요. 이 순간 단테는 오직 베르길리우스에게 의지할 뿐입니다.

들라크루아는 사납게 일렁이는 파도, 어떻게든 배에 오르려는 영혼들의 격렬한 움직임, 강한 바람에 펄럭이는 플레기아스의 옷자락, 맹렬한 기세로 뭉게뭉게 피어오르는 회색 안개로 급박한 상황을 실감 나게 표현했습니다. 분노와 절망이 가득한 지옥에는 희망도, 피난처도 없어 보입니다.

이처럼 역동적인 화면으로 강렬한 정서를 전하는 〈단테의 조각배〉는 이전의 작품들과는 확연히 달랐어요. 당시 프랑스에서는 18세기 말부터 19세기 초까지 약 40년 동안 칼로 자른 듯이 단정하고 매끈한 신고전주의 작품이 유행했거든요(앞서 보았던 〈호라티우스 형제의 맹세〉가 바로 신고전주의 작품이에요). 그래서 〈단테의 조각배〉는 들라크루아가 그린 최초의 대작으로 꼽히는 동시에 신고전주의에서 낭만주의로 이행하는 과정을 보여 준다는 평가를 받습니다. 낭만주의는 19세기 초에 번성한 문화 예술 운동을 말해요. 고전주의에 반발해 감정을 자유롭게 감정을 드러낸다는 특징이 있지요.

요즘은 영화 같은 영상물에서 지옥을 형상화한 모습을 더욱 실감 나게 느낄 수 있으니 〈단테의 조각배〉를 보면서 시시하다고 느낄지도 모르겠네요. 하지만 우리가 영상물에서 보는 지옥의 모습은 단테의 《신곡》에 묘사된 지옥인 〈단테의 조각배〉처럼 과거의 작품에서 영감을 얻은 경우가 많습니다. 따라서 과거의 예술 작품을 감상하는 건 바로 지금의 예술을 이해하는 또 다른 방법이기도 합니다.

4교시

○

역사시간

창의 융합적 사고를 위한

역사 × 미술 빙고!

공화제	교황령	독재	로렌초 데 메디치
증기기관	산업혁명	제1차 세계대전	유고슬라비아 전쟁
베트남전쟁	한국전쟁	38도선	자본주의
사회주의	스페인내전	프란시스코 프랑코	아돌프 히틀러

얼마나 알고 있는지 체크해 볼까요?

다비드는 왜
여러 번 조각되었나요?

시대를 대변하는 상징 〈다비드상〉

미켈란젤로 부오나로티, 〈다비드상〉,
대리석, 1501~1504년, 피렌체 아카데미아 미술관

조각상의 표정에서 청년 다비드의 용기와 지혜가 뚜렷하게 느껴집니다.
근육질의 몸은 의지를 나타내는 듯 보이네요.

왼쪽의 조각상을 보세요. 다비드(다윗)가 눈앞에 보이지 않는 거인 골리앗을 노려보며 왼팔을 굽혀 돌팔매질을 하려는 것 같아요. 오른팔에는 혈관까지 튀어나와 있어서 차가운 대리석 아래에 따뜻한 피가 흐를 것만 같아요. 근육이 꿈틀거리며 살아 움직이는 듯한 동작을 취하고 있는 〈다비드상〉은 전투 직전의 긴장감을 느끼게 합니다.

르네상스 3대 천재 예술가 중 한 명으로 꼽히는 미켈란젤로의 〈다비드상〉은 피렌체의 아카데미아 미술관에 전시되어 있어요. 언제나 관광객들에게 둘러싸여 북적일 정도로 유명한 작품이지요. 믿기 어렵겠지만 〈다비드상〉은 한때 흉물이 되어 가던 거대한 대리석 덩어리였어요. 〈다비드상〉이 오늘날의 명성을 얻기까지 어떤 사연이 있었는지 알아봅시다.

흉물은 어떻게 걸작이 되었을까?

많은 사람이 알고 있듯 미켈란젤로의 솜씨는 무척 뛰어났습니다. 〈다비드상〉은 재료부터 미켈란젤로의 실력이 아니면 만들기 불가능했을 정도였어요. 재료의 비밀을 알려면 미켈란젤로가 태어나기 훨씬 전인 15세기 초로 돌아가야 합니다. 그 당시 피렌체 시민들은 도시의 자랑이 될 피렌체 대성당이 완공되어 가자 지붕 버팀기둥(쓰러지지 않도록 받치는 기둥) 옆에 세워 둘 조각상을 여러 조각가에 외뢰했어요. 조각상의 주제는《구약성서》속 12명의 인물이었습니다.

시간이 흘러 피렌체 시정부는 미켈란젤로에게 〈다비드상〉의 재료로 30년 전에 사 놓은 거대한 대리석을 내어 줍니다. 이 대리석은 피렌체 대성당 조각상을 만들 때 선배 조각가가 결이 맞지 않아 조각하기 어렵다고 포기하는 바람에 몇십 년간 방치되어 있던 것이었죠. 더구나 선배 조각가가 조각했던 흔적이 뚜렷하게 남아 있었어요. 얼마나 거대하고 흉측했는지 당시 사람들은 실제로 이 대리석을 거인이라고 불렀다고 합니다. '거인'이 거인(골리앗)을 무찌르는 소년 다비드가 되다니 참 얄궂죠?

미켈란젤로는 아랑곳하지 않고 이 대리석 재료에서 다른 조각가의 흔적을 잘라 냈어요. 그리고 대리석 주위에 아무도 보지 못하도록 두꺼운 나무판자를 세우고 2년 넘게 조각에 몰두했습니다. 그 결과 완성한 걸작이 바로 〈다비드상〉이에요.

또 다른 다비드 조각상들

사실 피렌체에서 미켈란젤로의 〈다비드상〉 말고도 다비드를 소재로 한 조각상이 여럿 만들어졌습니다. 대표적인 조각가가 초기 르네상스 때 활동한 도나텔로입니다. 그는 1408년에 앞서 말한 피렌체 대성당 지붕의 버팀기둥에 설치할 대리석 조각상으로 다비드를 완성한 적이 있었어요. 미켈란젤로의 〈다비드상〉과는 사뭇 다른 옷을 걸친 부드러운 인상의 조각상이었죠. 하지만 이 조각상은 버팀기둥에 설치되지 못했습니다. 다른 조각가가 제작한 비슷한 규모의 《구약성서》 인물상을 대성당 지붕에 설치하고 지상에서 성당 지붕 쪽을 올려다보니 너무 작아 보였거든요. 그래서 도나텔로의 〈다비드상〉은 한동안 대성당 공방 안에 보관되었다가 1416년 피렌체 시정부 청사로 보내졌어요.

그 후 도나텔로는 1440년대에 대리석이 아닌 청동으로 다시 한번 〈다비드상〉을 만듭니다. 아름다운 소년의 모습을 한 다비드는 생동감 있는 자세로 승리의 미소를 지으며 적장 골리앗의

도나텔로, 〈다비드상〉, 청동, 1440년경, 피렌체 바르젤로 국립 미술관
모자를 쓴 다비드가 당당한 자세로
골리앗의 머리를 밟고 선 모습이 매우 인상적입니다.

머리를 밟고 있어요. 죽은 자는 말이 없죠. 뻣뻣하게 굳은 골리앗의 두상과 생기발랄한 다비드가 뚜렷한 대조를 이룹니다.

도나텔로의 〈다비드상〉은 고대 이후 처음으로 만들어진 실물 크기의 남성 누드 조각입니다. 당연히 고대 조각의 영향이 곳곳에서 나타났어요. 죽은 골리앗의 얼굴에도 근엄한 고대 조각의 특징이 보입니다. 다비드는 왼쪽 다리를 젖혀 골리앗의 머리를 보란 듯이 내보이며 자연스럽게 콘트라포스토 자세를 취하고 있어요. 짝다리를 짚은 자세에서 오른쪽 다리에 실린 체중이 고스란히 느껴지죠. 우아하게 허리에 얹은 손이 승리자의 여유를 더욱 돋보이게 하네요. 감상자의 시선은 콘트라포스토 자세를 취한 다리에서 팔로 자연스럽게 움직입니다. 도나텔로의 〈다비드상〉은 인물 조각상의 화려한 부활을 알렸어요.

한편 이 〈다비드상〉이 워낙 사실적이고 관능적으로 보여서 도나텔로는 구설수에 오르기도 했는데요, 피렌체 아르노강에서 발가벗고 헤엄치는 아이들을 모델로 삼아서 이 조각을 만들었다는 이야기가 있었어요. 그는 이처럼 인체를 관찰해 사실적으로 나타내면서 고대의 인물 조각상을 되살리고자 했어요. 도나텔로의 〈다비드상〉은 피렌체 공화국의 실세였던 메디치 가문의 저택 안뜰에 놓여 있었다고 합니다.

정치적 상황에 따라 달라진
다비드상의 상징성

이쯤에서 궁금해집니다. 피렌체에서 이토록 여러 번 다비드상을 조각하고, 공공건물이나 메디치 가문의 저택에 다비드상을 놓은 이유는 과연 무엇일까요? 지금은 사라졌지만 청동 다비드상 받침대에 새겨졌다고 전해지는 문장을 보면 피렌체가 그토록 다비드를 사랑했던 이유를 어렴풋이 짐작할 수 있어요.

> "조국을 수호하는 자는 항상 승리하리라. 전능하신 신이
> 적을 무찌르리라. 소년 하나가 거대한 폭군을 무찔렀느니라.
> 피렌체 시민이여, 승리자여."

당시 피렌체는 군주가 다스리던 주변의 강대한 도시국가들과는 달리 명목상으로는 황제가 다스리기 이전의 고대 로마처럼 공화제로 운영되던 도시였어요. 피렌체 사람들에게 신체적으로는 미성숙하지만 지성, 신념, 용기를 발휘해 임무를 완수한 다비드는 피렌체의 지혜와 용기를, 골리앗은 밀라노와 나폴리를 비롯한 군주제 국가와 로마 중심의 **교황령**을 상징했습니다. 이들 독재 국가들에 위협을 느꼈던 피렌체 입장에서 골리앗을 제압

한 다비드는 주변 강대국에 대한 피렌체의 승리를 의미했죠.

그렇기에 메디치 가문은 〈다비드상〉을 저택의 안뜰에 놓아서 자신들이 피렌체의 상징임을 보여 주고자 했어요. 명목상 공화제였지만 오랫동안 피렌체를 실질적으로 지배했던 메디치 가문은 이미 독재 반대의 상징이 된 다비드를 자기 가문의 상징처럼 연출하고자 했습니다. 자신의 저택을 방문하는 사람들로 하여금 메디치 가문이 다비드처럼 자유의 수호자로 여겨지기를 바랐던 것이지요.

하지만 미켈란젤로가 〈다비드상〉을 만들 즈음에는 정치적 상황이 바뀌었어요. 메디치 가문의 '위대한 자' 로렌초 데 메디치가 1492년 세상을 떠난 뒤 피렌체와 주변 여러 도시국가와의 평화가 깨지고 말았습니다. 1494년에는 프랑스가 이탈리아를 침략했어요. 이 와중에 메디치 가문은 피렌체에서 추방당하고, 이후 피렌체에서는 실질적으로 공화제가 실시되었습니다. 이때 피렌

탐구력 UP

메디치 가문은 르네상스 시대를 이끌었다고 평가받습니다.
그만큼 예술, 경제, 정치 등 다방면에 영향을 끼쳤는데요.
우리나라에도 메디치 가문에 비견할 경주 최 부잣집이라는 가문이 있습니다.
경주 최 부잣집이 사회적으로 어떤 영향력을 행사했는지 조사해 보세요.

체 정부는 조직을 개편하면서 훗날 《군주론》의 저자로 유명해진 니콜로 마키아벨리를 발탁했습니다. 마키아벨리는 외교와 국방을 포함한 피렌체 국정 전반에서 활약하면서 공화제가 제대로 운영되는 데 큰 역할을 했어요.

하지만 피렌체 내부에는 여전히 메디치 가문을 지지하는 세력이 남아 있었습니다. 피렌체에서 쫓겨난 메디치 가문의 수장은 스페인군의 힘을 빌려 피렌체로 돌아올 기회를 노렸고, 로마에는 메디치 가문 수장의 동생이자 추기경이 그를 돕고 있었어요. 만약 피렌체 내부의 메디치 가문 지지 세력이 이런 움직임에 맞장구를 친다면 공화제가 위험할 수 있었어요.

이번에도 피렌체 공화국이 자유와 민주의 상징인 다비드인 건 변함없지만, 포악한 골리앗의 상징은 이를 파괴하려고 하는 메디치 가문 세력으로 뒤바뀌었어요. '메디치 가문의 복귀를 용납하지 않겠다.' 또는 '공화국의 자유를 지켜야 한다.' 당시 피렌체 공화국에서 미켈란젤로에게 〈다비드상〉 작업을 맡긴 데는 이런 의도가 숨어 있었습니다.

이에 호응해 1504년 미켈란젤로가 완성한 거대한 〈다비드상〉은 소년으로 형상화된 과거의 〈다비드상〉과 달리 좀 더 성숙하고 근육이 발달한 청년의 모습이었어요. 미켈란젤로의 〈다비드상〉에는 아름답고 힘과 용기가 넘치는 젊은이지만, 젊기에 불완전하고 불안해 보이는 모습까지 모두 표현되어 있습니다.

높이가 5미터가 넘는 이 조각상은 무게가 어마어마하게 나갔어요. 그러니 원래 계획대로 피렌체 대성당 지붕의 버팀기둥에 올리는 건 불가능했을 겁니다. 피렌체 시정부는 위원회를 소집해 이 조각상의 설치 장소를 논의했고, 결국 미켈란젤로의 의견대로 피렌체 시정부 청사 앞에 남쪽을 향하게 설치되었어요. 남쪽에서 공격해 올 메디치 가문 세력으로부터 공화정부를 지키는 수호자가 되게끔 말이죠. 이 〈다비드상〉은 오랜 세월 피렌체 시정부 청사 앞 시뇨리아 광장에 있다가 1873년에 현재의 아카데미아 미술관 안으로 들어오게 되었어요.

어떤가요? 같은 〈다비드상〉이지만 정치적 상황에 따라 해서이 달라질 수 있다는 것이 무척 흥미롭지 않나요? 그러나 다비드가 르네상스 시대의 자유롭고 이상적인 인간상을 상징하며, 르네상스 그 자체가 되었다는 것은 예나 지금이나 변하지 않는 사실입니다. 미켈란젤로의 〈다비드상〉은 르네상스의 새로운 단계인 '전성기 르네상스' 조각의 시초로 평가받고 있어요.

Q 인상주의 화가들은
왜 기차를 그렸을까요?

산업화 시대, 속도에 매혹된 화가들

클로드 모네, 〈생라자르 역〉,
캔버스에 유채, 1877년, 파리 오르세 미술관

모네는 생라자르 역 근처에 머물면서 생라자르 역 주변 풍경을 담은 여러 그림을
완성했어요. 그는 왜 이렇게까지 기차역을 그리고자 했을까요?

여러분이 지금 보고 있는 작품은 프랑스의 화가 클로드 모네가 그린 〈생라자르 역〉이에요. 모네는 앞서 인상주의를 설명할 때 소개한 화가이기도 합니다. 기차가 증기를 뿜어냈는지 역에는 푸르스름한 연기가 피어오르네요. 그림에는 총 세 대의 기차가 있습니다. 화면 왼쪽에 가장 크게 보이는 기차, 가운데에서 증기를 뿜어내고 있는 기차, 그리고 화면 오른쪽 사람들이 서 있는 플랫폼 가까이에 있는 희미한 모습의 기차가 보이죠.

1877년 제3회 인상주의 전시회에 모네는 〈생라자르 역〉 그림을 전시합니다. 이 그림을 본 어느 평론가는 "모네의 붓이 움직임, 색채, 활기뿐만 아니라 역의 소란스러움까지 그렸다. (중략) 회색 구름과 파란 연기 사이로 기차가 삐걱대는 소리, 호루라기 소리 같은 역의 소음을 느낄 수 있다"면서 놀라워했습니다. 여러분이 보기에는 어떤가요? 그림에서 약 150년 전 인상주의 화가들의 마음을 빼앗은 기차역의 분위기가 느껴지나요?

산업혁명이 낳은 최고의 교통수단

모네가 살았던 19세기는 유럽 사람들의 일상이 급격히 바뀌어 가던 시기였어요. 18세기 말 영국의 발명가이자 공학자인 제임스 와트가 증기기관을 상용화했습니다. 증기기관은 석탄을 태워서 물을 끓이면 증기의 팽창과 응축으로 기계가 돌아가게 만든 장치입니다. 주로 기차의 엔진이나 공장의 기계를 움직일 때 증기기관을 사용했지요. 증기기관을 이용해 실을 만드는 기계인 방적기가 발명되었고, 철과 증기기관에 필요한 석탄이 대량 생산되었어요. 이후 다른 기계들이 연속해서 발명되고 기계의 사용으로 생산량이 늘어나면서 비로소 산업혁명이 시작되었답니다.

산업혁명은 유럽 사회를 크게 바꿨어요. 하루가 다르게 산업과 기술이 발달하면서 사람들의 사고방식이나 생활양식도 완전히 변화했지요. 그중 하나가 철도였습니다. 1825년 조지 스티븐슨이 처음으로 증기기관차를 제작해 상업용 열차 운행을 시작했고, 이후 기차는 영국 최고의 교통수단으로 자리 잡았습니다.

탐구력 UP

18세기 후반에 시작된 1차 산업혁명 이후로 여러 차례의 산업혁명이 이어졌습니다.
1차부터 3차 산업혁명까지 각각 특징과 전개 과정을 정리해 보세요.

1829년에 미국 대륙횡단철도가 개통되었고, 유럽 대륙에서는 1831년 프랑스를 시작으로 1839년 네덜란드와 이탈리아까지 철도가 개통되었어요.

기차를 처음 그린 화가는 누구일까?

사회를 크게 바꾼 빠른 교통수단은 화가들이 캔버스에 담고 싶은 주제가 되었습니다. 앞서 소개한 모네보다 먼저 기차를 그린 화가가 있었어요. 영국의 화가 윌리엄 터너입니다. 그의 작품 〈비, 증기, 속노〉를 한번 볼까요?

터너는 빗속을 뚫고 철교를 건너는 기차를 그렸어요. 다리를 사선으로 그려서 기차의 빠른 속도가 돋보이는 것 같아요. 비가 오고 안개가 자욱해 기차는 굴뚝이 달린 머리 부분만 뚜렷합니다. 〈비, 증기, 속도〉는 이처럼 흐려진 시야에 가려진 채 속력을 내는 기차의 모습을 잘 표현한 작품입니다.

터너는 이 그림을 그리기 전에 런던에서 브리스틀로 가는 최신식 기차에 탑승했습니다. 그리고 창문을 열고 밖으로 고개를 내밀었어요. 궂은 날씨에도 아랑곳하지 않고 10분 넘게 비를 맞으며 기차의 속도를 느낀 그는 작품에 이러한 속도가 느껴지기를 바랐습니다. 터너는 일찍이 풍경화의 대가로서 대기의 효과와 경이로운 자연을 탐구하는 데 몰두했어요. 이를 바탕으로 〈비, 증기, 속도〉처럼 자연의 인상과 직접적으로 일치하는 그림을 그렸죠. 풍경을 세밀하게 묘사하기보다는 추상적인 색채로 채워

윌리엄 터너, 〈비, 증기, 속도〉, 캔버스에 유채, 1844년, 런던 내셔널 갤러리
터너는 비 오는 날 달리는 기차 밖으로 몸을 내밀어 기차의 속도를 느껴 봤대요.
그림에서 그가 느꼈을 속도감이 실감 나게 표현되었지요?

생생한 감정과 느낌을 전달하고자 했습니다.

터너의 시도는 당대 사람들에게는 굉장히 놀라웠을 거예요. 그 시기에 그림이라면 신화나 그리스도교의 내용을 담는 것으로 생각했을 테니까요. 이후 이 작품이 나타내고자 한 비, 증기, 속도는 터너를 시작으로 미술의 관심 영역으로 들어왔습니다.

기차의 매력에 빠진 인상주의 화가들

한편 터너의 작품을 유심히 관찰한 프랑스 화가가 있었습니다. 바로 〈생라자르 역〉을 그린 모네예요. 1870년 프로이센 프랑스 전쟁을 피해 런던으로 건너간 모네는 그곳에서 영국의 비, 햇빛, 구름 등을 그린 터너와 영국의 대표적인 낭만주의 풍경화가 존 컨스터블의 작품을 보게 되었어요. 이듬해 프랑스로 돌아온 모네는 훗날 기차를 주제로 여러 점의 그림을 남기는데요, 그중 대표 작품이 〈생라자르 역〉입니다.

모네의 〈생라자르 역〉은 도착과 출발을 반복하는 기차의 움직임을 보여 줍니다. 이 그림의 주인공은 기차 주변의 인물들이 아니라 바로 기차 자체입니다. 모네는 밝은색의 물감과 가벼운 붓 놀림으로 증기의 움직임을 강조했어요. 또한 기차역의 철골 테

두리가 이 기차들을 감싸면서 기차 쪽으로 시선을 더욱 집중되게 했죠. 역에 서 있는 사람들은 어디로 떠날까요? 우리가 기차를 타러 갈 때 느끼는 기대감이 연보랏빛 증기처럼 뭉게뭉게 피어나는 것 같아요.

철도가 발달하면서 파리 사람들은 멀리 떨어진 휴양지를 자유롭게 오갈 수 있었어요. 센강을 따라 생겨난 유원지 등에서 여가 생활을 즐기고는 했죠. 생라자르 역은 노르망디 해변, 센강 주변의 유원지, 파리 교외에서 온 기차의 종착지로 파리에서도 가장 붐비는 역이었습니다.

모네의 〈생라자르 역〉에서 볼 수 있듯 유리와 철골로 지었던 생라자르 역 건물은 당시 대표적인 근대 도시인 파리와 함께 산업혁명 이후 근대 문명의 상징이 되었습니다. 모네는 이 작품에서 지붕의 유리를 통해 선로와 플랫폼이 반짝이는 모습을 담아냈습니다. 연보랏빛 증기 너머 햇빛을 받아 은은하게 빛나는 커다란 건물 역시 파리의 근대적인 모습을 보여 주지요.

시대를 담아내는 붓질

인상주의 화가들은 근대 문명을 직접 그리기도 했지만 산업화의 혜택을 누리기도 했어요. 튜브 물감 덕분에 그림 도구를 챙겨서 야외에서 그림을 그릴 수 있게 되었지요. 튜브 물감은 사용하기 간편하고 색도 다양했습니다. 인상주의 화가들이 이전 시대 화가보다 여러 장소를 손쉽게 돌아다니면서 다양한 풍경을 그릴 수 있었던 건 기차 덕분이었다고 해도 과언이 아니에요.

생라자르 역이 친숙했던 모네는 생라자르 역의 안팎을 담은 유화 연작 12점을 그렸어요. 〈생라자르 역〉은 생라자르 역 내부를 그린 것입니다. 생라자르 역 주변은 모네뿐 아니라 많은 화가의 화폭에 담겼습니다. 대표적인 작품이 에두아르 마네의 〈철길〉과 귀스타브 카유보트의 〈유럽교 위에서〉입니다. 모네의 〈생라자르 역〉 연작 중에도 유럽교가 등장하는 작품이 있습니다. 기차와 철교를 비롯한 근대식 다리도 인상주의 화가에게 중요한 소재였어요. 교통과 건축공법의 발달로 다리도 많이 건설되었기 때문입니다. 철도와 철교는 산업화를 거친 파리와 근대 문명으로 변화한 생활상을 그리고자 했던 인상주의 화가들의 바람에 잘 맞는 소재였지요.

흔히 화가라고 하면 작업실에서 혼자 고독하게 작품을 그리는 모습을 떠올리기 마련입니다. 하지만 화가도 다른 사람들과 마찬가지로 사회의 변화를 겪으며 그 흐름을 담아내고자 합니다.

피카소가 한국전쟁의 참상을
그렸다고요?

전쟁의 비극을 고발한 〈한국에서의 학살〉

파블로 피카소, 〈한국에서의 학살〉,
패널에 유채, 1951년, 파리 피카소 미술관

한국전쟁의 참상을 고발하는 이 작품은 우리 조상이 겪은 비참한 현실을 보여 줍니다.
무고한 사람들까지 희생되는 전쟁이 더는 일어나지 않았으면 하는 바람입니다.

오랜 세월 동안 인간은 스스로를 만물의 영장이자, 지구상에서 문명을 이룩하고 누리는 고귀한 동물로 자부했습니다. 인간은 다른 동물과 전혀 다르다면서 말이죠. 하지만 지금 이 순간까지 지구상 곳곳에서 벌어지고 있는 전쟁과 학살을 보면 과연 인간이 고등한 문명을 지닌 고귀한 존재인가 하는 의문이 들어요. 특히 지난 20세기에는 제1차, 제2차 세계대전과 한국전쟁, 베트남 전쟁, 유고슬라비아 전쟁에 이르기까지 크고 작은 전쟁이 세계 곳곳에서 벌어졌습니다.

지금 우리가 살고 있는 한반도도 전쟁의 참화를 비켜 가지 못했어요. 1950년 6월 25일 북한의 침공으로 시작되어 6.25 전쟁으로 부르는 한국전쟁이지요. 이 전쟁에서 벌어졌던 민간인 학살을

의사소통 능력 UP

전쟁은 영토, 자원, 종교, 이념 등 다양한 이유로 일어납니다.
하지만 어떠한 전쟁이든 돌이킬 수 없는 상흔을 남기죠.
전쟁은 왜 일어나서는 안 되는지 토의해 보세요.

다름 아닌 다른 나라의 화가가 고발한 작품이 있는데요, 바로 피카소의 〈한국에서의 학살〉입니다.

화폭에 담긴 한국전쟁

한국전쟁의 한 장면을 담아낸 〈한국에서의 학살〉을 보세요. 화면 왼쪽에는 벌거벗은 여인들과 아이들이 서 있어요. 한 아이는 화면 오른쪽에서 왼쪽을 향해 총을 겨누고 있는 병사들에 놀라 두 팔을 들고 여인들 쪽으로 달려갑니다. 병사들은 마치 로봇처럼 철가면에 철갑옷을 입고 있네요. 서 있는 여인들의 얼굴에는 절망과 체념이 나타나고요, 특히 아기를 품에 안은 엄마는 아기를 바라보며 슬픈 표정을 짓고 있습니다. 보고 있노라니 가슴이 미어지네요.

가슴에 오른손을 얹은 채 눈을 동그랗게 뜨고 화면 바깥을 바라보는 소녀는 이 비참한 죽음의 현장을 잊지 말고 기억해 달라고 눈으로 말하는 것 같아요. 전쟁으로 거의 빈 배경에 초록색, 황토색, 진갈색 등을 제외하면 인물들은 흰색, 검은색, 회색 등 무채색으로 그려졌어요. 피카소는 이렇게 무채색으로 표현한 것을 두고 잔혹성과 무지가 끊이지 않고 이어지는 암울한 시대상을 고발하기 위해서라고 설명했습니다.

한국전쟁은 왜 일어났을까요? 제2차 세계대전이 끝난 후 전 세계는 미국을 중심으로 한 자본주의 진영과 소련을 중심으로 한 사회주의 진영으로 나뉘었습니다. 이 두 진영의 대립으로 한반도를 가르는 38도선이 생겼고, 38도선 이북에는 사회주의 국가가, 38도선 이남에는 자본주의 국가가 세워졌지요.

한국전쟁은 1950년 6월 25일 북한의 남침으로 시작되었고 만 3년이 지난 후인 1953년 7월 27일에 휴전협정을 체결하며 오늘날까지 휴전 상태가 이어지고 있습니다. 3년 1개월이라는 기간 동안 UN 연합군(전투지원 16개국, 의료지원 5개국, 물자지원 39개국, 물자지원 외사표명 3개국 등 총 63개국)의 참전과 뒤이은 중공군 침진 속에 수많은 전투가 일어났으며, 많은 사상자가 나왔습니다. 결국 한국전쟁은 자본주의와 사회주의 체제의 대립, 그리고 세계 질서의 패권을 두고 대신해서 치러진 전쟁이었다고 할 수 있어요.

이념의 대립이 빚어낸 전쟁의 고통은 군인뿐 아니라 무고한 일반인의 희생으로도 이어졌습니다. 한국전쟁으로 죽거나 다치거나 실종된 대한민국 국군이 약 61만 명, 군인이 아닌데도 죽거나 다치거나 실종되거나 끌려가거나 행방불명된 사람이 140만여 명이라고 합니다. 북한의 인명 피해까지 합하면 500만 명 이상으로 추정되고 있습니다. 말하자면 3년 1개월 동안 서울 인구

절반이 사라진 셈이에요. 정말 무시무시하고 비참한 전쟁이었지요.

스페인내전을 고발한 〈게르니카〉

사실 피카소가 전쟁을 고발한 작품을 그린 건 이번이 처음이 아니었어요. 1936년부터 1939년까지 그의 고향인 스페인에서는 인민전선 정부와, 군부와 손잡은 왕당파의 갈등으로 스페인내전이 일어났습니다. 그러면서 스페인 북부 바스크 지방의 작은 마을 게르니카에서 학살이 벌어졌는데요, 피카소는 그때의 참상을 〈게르니카〉라는 작품에 표현했습니다.

당시 독일에서 정권을 잡고 있던 아돌프 히틀러는 프란시스코 프랑코가 이끄는 군부 왕당파를 지지했어요. 그래서 1937년 4월 26일 게르니카에 최신 기종 전투기를 보내 폭탄을 엄청나게 투하했습니다. 이 폭격으로 게르니카는 이틀 내내 불탔고, 인구의 3분의 2가 사망하거나 부상을 입었다고 합니다.

피카소는 게르니카의 폭격 소식을 듣고 분노에 차서 사흘 후에 이 사건에 관한 그림을 그리기 시작해요. 그때 피카소는 스페인 공화국 정부로부터 파리 만국박람회 스페인관에 전시할 그

게르니카 폭격 당시의 모습

피카소는 스페인내전으로 벌어진 참혹한 폭격 장면을 〈게르니카〉에 담았습니다.

그의 작품을 보고 있으면 눈시울이 뜨거워지는 이유를 알 것 같아요.

림을 그려 달라는 주문을 받습니다. 그렇게 탄생한 작품이 〈게르
니카〉예요.

무너진 건물과 불구덩이에 갇혀 울부짖는 여인, 공포에 질린
표정으로 화염에서 벗어나려 안간힘을 쓰는 여인 등 〈게르니카〉
에는 폭격으로 초토화된 당시 마을 상황이 매우 자세히 담겨 있
습니다. 피카소는 무고한 마을 사람들이 고통에 몸부림치는 모
습을 절단되고 왜곡된 형태를 통해 더욱 극적으로 표현했어요.
그 결과 〈게르니카〉를 통해 전 세계에 게르니카의 참상을 알려
졌습니다.

〈게르니카〉는 파리 만국박람회 이후에 유럽의 여러 곳에서 전
시되었지만 스페인에서는 전시되지 못했어요. 피카소는 당시 독
재자 프랑코가 집권하고 있던 스페인에 〈게르니카〉가 옮겨지는
것을 거부했습니다. 그래서 뉴욕 현대 미술관에 한동안 소장되
었지요.

피카소는 1973년 4월 프랑스에서 죽기 전 프랑코 독재가 끝나
면 〈게르니카〉를 스페인으로 보내라는 유언을 남깁니다. 1975년
에 스페인의 독재자 프랑코도 세상을 떠났어요. 결국 〈게르니카〉
는 1981년에 스페인으로 옮겨 갔습니다. 지금은 스페인 마드리
드의 국립 소피아 왕비 예술센터에서 볼 수 있어요. 참혹한 비극
을 담은 이 그림이 여러 나라를 떠돌다가 고향으로 돌아간 이야

기도 참 마음이 아픕니다.

민간인 대학살의 진실

〈한국에서의 학살〉 이야기로 다시 넘어와 볼게요. 피카소는 1950년 10월부터 12월까지 한국전쟁 중에 황해도 신천군 일대에서 벌어진 민간인 대학살 소식을 전해 듣습니다. 이 사건이 〈한국에서의 학살〉의 배경이 되지요.

북한 측에서 희생자가 3만 명 이상이라고 밝힌 이 사건은 남한에서는 '신천군 사건', 북한에서는 '신천 대학살'이라고 불려요. 민간인 학살이 있었던 건 사실인데 누가 학살했느냐를 두고 남북한의 주장이 완전히 엇갈립니다. 북한에서는 미군이 가해자였다고 주장하며 학살 현장에 신천박물관을 세우고 반미反美 교육의 현장으로 이용하고 있어요. 현재까지 확보한 증언과 연구에 따르면, 이미 오래전부터 있었던 좌우 대립이 전쟁 중에 더욱 심해지며 생겨난 우리 민족 간의 학살로 보고 있습니다. 신천군 안에서 기독교인을 중심으로 한 우파 세력과 북한 정권을 지지하는 좌파 세력이 서로 죽고 죽이는 비극을 벌였던 것이지요.

이미 10여 년 전에 〈게르니카〉를 그렸던 피카소는 한국전쟁의 참상을 접하고 스페인 게르니카의 비극을 떠올렸을 거예요. 당시 프랑스 공산당원으로 활동하고 있던 피카소는 〈한국에서의 학살〉에서 화면을 좌우로 나누어 희생자와 가해자를 따로 그렸지만, 누가 학살을 했는지는 정확히 담지 않았습니다. 그래서 좌파와 우파 모두에게 혹평을 받았어요.

피카소는 〈한국에서의 학살〉을 두고 "미군 또는 어떤 다른 나라 군대의 헬멧이나 군복을 생각해 본 적이 없다. 나는 모든 인류의 편에 서 있다"고 자신의 견해를 밝히기도 했습니다. 전쟁의 참혹한 현실을 고발해서 인류가 전쟁을 멈추기를 바라는 메시지를 전달하려 했던 것 같아요.

〈게르니카〉와 〈한국에서의 학살〉은 게르니카와 한국이라는 구체적인 지명이 밝혀져 있습니다. 하지만 이 두 작품은 특정 지역을 넘어 어떤 곳이든 전쟁으로 고통 받고 있다면 이러한 참상을 겪을 수도 있다고 경고하는 듯 보입니다. 현재까지 끝나지 않는 모든 전쟁의 참상을 고발인 셈이지요.

500만 명에 가까운 인명 피해를 낸 한국전쟁에는 아직 진실히 정확히 밝혀지지 않은 사건이 많습니다. 그중에는 신천군 사건처럼 우리의 잘못을 인정하고 반성해야 하는 불편한 진실도 분명히 있을 거예요.

불편한 진실을 상대방 탓으로 돌리지 않고 솔직하게 인정하고 반성할 때 인류는 전쟁과 학살이 없는 평화로 한 발짝 나아갈 수 있어요. 피카소가 〈게르니카〉와 〈한국에서의 학살〉에서 전하려던 메시지는 바로 그것일 거라고 생각합니다.

5교시

○

—— 경제시간 ——

창의 융합적 사고를 위한

경제 × 미술 빙고!

살롱	이삭줍기	프랑스혁명	재화
서비스	생산 활동	생산의 3요소	사유재산
소작 제도	빈부격차	수요와 공급	길드
갤러리	경제재	자유재	경매

얼마나 알고 있는지 체크해 볼까요?

이삭줍기는 왜
그림의 소재가 되었을까요?

로지 경제가 보이는 〈이삭 줍는 여인들〉

장 프랑수아 밀레, 〈이삭 줍는 여인들〉,
캔버스에 유채, 1857년, 파리 오르세 미술관

추수를 끝낸 들판에 여인들이 이삭을 줍고 있습니다. 세 여인 모두 허리를 굽히고
있는 모습이 인상적이에요. 여인들은 왜 수확이 아닌 줍기를 할까요?

지금 보고 있는 〈이삭 줍는 여인들〉은 19세기 프랑스의 화가 장 프랑수아 밀레가 그린 작품입니다. 농가에서 태어나 어릴 때부터 아버지의 농사일을 도왔던 밀레는 누구보다 빈농의 생활을 잘 이해했어요. 사람들이 농부의 노고를 존경해야 한다고 생각했지요.

밀레는 이러한 생각을 담아 〈이삭 줍는 여인들〉을 1857년에 완성해 **살롱**(당시 프랑스에서 정부 주도로 열렸던 미술 작품 정기 전람회)에 전시했습니다. 파리 동남쪽에 있는 퐁텐블로 근처 농장을 배경으로 한 이 작품은 추수가 끝난 들판에서 이삭을 줍고 있는 세 여인을 담아냈습니다. 현재 이 그림은 걸작이라는 찬사와 함께 많은 사랑을 받고 있어요. 하지만 살롱에서 처음 공개되었을 때는 반응이 좋지 않았습니다. 많은 사람이 이 그림을 못마땅해했고, 심지어 비판하기까지 했다고 해요. 어떤 이유에서였을까요?

밀레, 가난한 농부들을 그리다

1849년 6월 밀레는 대도시 파리를 떠나 가족들과 함께 파리 동남쪽 퐁텐블로의 숲 끄트머리에 있는 바르비종이라는 마을로 이사했어요. 이 마을에서 그는 빈농의 고단한 삶을 더욱 가까이에서 지켜보게 되었습니다.

밀레는 1850년부터 약 3년 동안 〈추수하는 사람들의 휴식〉이라는 그림을 공들여 그렸습니다. 애초에 이 그림의 제목은 〈룻과 보아스〉였어요. 《구약성서》〈룻기〉의 주인공인 가난한 과부 룻은 남편이 죽은 후 시어머니와 베들레헴으로 이사해 이삭줍기로 어렵게 생계를 꾸려 나갔어요. 어려운 살림살이에도 시어머니를 극진히 모셨던 룻은 남편의 친척인 부자 보아스를 만나 결혼합니다. 이후 다윗의 조상, 나아가 예수 그리스도의 조상이 되는 오벳을 낳습니다.

그림에서 화면 왼쪽에 서 있는 룻은 오른팔로 안을 수 있을 만큼 적은 양의 이삭을 주웠습니다. 반면 화면 오른쪽에는 추수한 밀단이 높다랗게 쌓여 있어요. 〈추수하는 사람들의 휴식〉에서 밀레는 보아스를 성서에서처럼 부유한 지주가 아닌 추수하는 사람들 중 하나로 그렸고, 룻이 이삭을 줍게 했습니다.

이삭줍기는 성서에도 등장할 만큼 오래된 관행이었어요. 그래

장 프랑수아 밀레, 〈추수하는 사람들의 휴식〉, 캔버스에 유채, 1850~1853년, 보스턴 미술관
산처럼 쌓인 추수더미와 화면 왼쪽의 룻이 주운 이삭 한 아름에서 빈부의 차이가 느껴져요.

서 그리스도교를 국교로 삼은 유럽의 몇몇 나라는 빈농을 위해 이삭줍기를 법적 권리로 인정하기도 했어요. 하지만 1850년대 프랑스 농촌의 사정은 빈농에게 녹록치 않았습니다.

1789년부터 1799년까지 프랑스에서는 시민혁명인 프랑스혁명이 일어났습니다. 프랑스혁명 이후 공화정 정부에서는 망명 귀족에게서 땅을 몰수해 국유화합니다. 이렇게 빼앗은 땅이 전체 국토의 10퍼센트나 되었다고 해요. 프랑스에서는 이 땅들을 경매에 부쳐 나누어 팔았습니다. 이때 자금이 많은 도시 사람들이 땅을 사들이며 대농이 되었죠. 반면 빈농은 계속 소작농에 머무르는 경우가 많았는데요, 그들 중에 땅을 담보로 빚을 내서 농토를 마련하던 사람들은 이자를 갚느라 끼니를 잇기도 힘들었다고 합니다.

다시 〈이삭 줍는 여인들〉을 살펴보도록 하죠. 화면 저 너머에는 수확한 밀단이 높이 쌓여 있어요. 들판에도 밀단들이 흩어져 있습니다. 오른쪽을 보면 말을 탄 남자의 지휘 아래 지주에게 고용된 일꾼들은 밀단을 수레와 마차에 실어서 옮기고 있네요. 그림 앞쪽에는 허리를 숙이고 추수가 끝난 들판에서 남은 이삭을 열심히 줍는 세 명의 여인이 있습니다.

이삭줍기가 벌어질 때는 한 사람당 주워 갈 수 있는 시간이 정해져 있었다고 해요. 굶주리는 사람은 많은데 남아 있는 밀 이삭은 적었기 때문입니다. 그래서 이삭을 줍는 사람들은 허리를 펴고 쉴 시간이 없었어요. 열심히 이삭줍기를 해야 먹을 빵을 만들 수 있을 테니까요. 황금빛 들녘과 가을의 풍요를 그린 것처럼 보였던 이 그림에는 이러한 빈농의 애환이 깃들어 있습니다.

밀레는 〈이삭 줍는 여인들〉 속 가난한 여인들을 신화나 종교를 주제로 한 그림처럼 우아하게 그리지 않았어요. 하루하루 끼니를 걱정해야 하는 그들의 비참한 생활을 고발하려고도 하지 않았죠. 그보다는 비록 곤궁하고 힘들게 일해 가까스로 살아가지만, 이 여인들의 노동과 삶을 존경해야 한다고 생각했습니다. 하지만 1857년 살롱의 (대체로 부유층인) 관객들은 노동하는 빈농을 작품 주제로 삼은 것이 탐탁지 않았습니다. 오히려 자신들이 가난한 농민들보다 수가 적으므로 이들이 들고 일어서면 설 자리를 잃게 되리라고 생각했죠.

한편 관객들이 이 작품을 못마땅하게 여긴 이유가 또 하나 있습니다. 그때까지만 해도 큰 화면에는 관례적으로 신화나 종교를 주제로 한 그림을 그렸는데요, 밀레는 그와 반대로 큰 화면에 가난한 농촌 여인을 사실적으로 그렸다는 것이지요.

이삭줍기로 들여다본 토지 경제

우리가 살아가는 데는 여러 물건이 필요합니다. 이런 물건을 재화라고 부릅니다. 사람들이 필요로 하는 것을 충족하기 위해서는 특정한 활동도 필요해요. 이 활동을 서비스라고 부르죠. 재화와 서비스를 만들어 내는 것을 생산이라고 하고, 이런 활동을 생산활동이라고 부릅니다. 이미 알고 있다고요? 그래요. 우리는 이미 초등학교 때 생산의 3 요소를 배웠습니다.

그럼 연필을 예로 들어 다시 설명해 볼게요. 연필을 만들려면 연필을 만드는 장소인 공장이 필요하고요. 연필의 재료인 나무와 흑연 등을 살 수 있는 돈이 필요합니다. 연필을 만들 사람도 필요하죠. 이처럼 연필 같은 재화를 생산하려면 천연자원(토지), 돈(자본), 사람(노동)이 필요해요. 이렇게 토지, 자본, 노동을 생산의 3요소라고 합니다.

여기서는 생산의 3요소 중 토지, 즉 땅에 대해 알아볼게요. 경제에서 토지는 매우 중요한 영향을 끼치고 있어요. 인류는 한곳에 머무르며 정착하기 시작한 이후로 청동기 시대에 본격적으로 농사를 짓습니다. 이때 사유재산이라는 개념이 생겼어요. 대표적인 사유재산이 바로 토지였지요. 힘이 센 사람들이 토지를 강제로 빼앗았거든요. 결국 토지를 가졌느냐 그렇지 못했느냐에 따라서 어떤 집단에서 권력을 가진 지배 계급과, 지배 계급의 지배를 받는 피지배 계급이 나뉘게 되었죠. 이후 토지 소유 여부로 사회 계층이 고착되고 관습화되면서 이러한 과정으로 얻은 토지 소유권은 정당성을 지닌 것처럼 보였습니다. 인류 역사에서 동서양에 관계없이 오래 지속되었던 소작 제도를 생각해 보세요.

역사 이래 토지는 빈부 격차의 주원인이었습니다. 따라서 토지는 사회 개혁의 대상이 되는 경우도 많았죠. 그러면서 토지는

사고력 UP

사유재산제도는 자본주의가 발전하는 데도 중요한 역할을 했습니다.
그렇다면 자본주의란 무엇이고, 노동자에게 있어 장점과 단점은 무엇일까요?

다른 재화와 달리 여러 특수성이 있는 만큼 다르게 취급해야 한다는 의견이 제시되었어요. 토지의 특수성은 다음과 같습니다.

첫째, 토지가 아닌 다른 재화는 노동을 거쳐 생산됩니다. 반면 토지는 사람이 만들 수 없으며, 인류가 대가 없이 얻게 된 자원이지요. 또 토지는 사람이 만들 수 없으므로 공급이 일정해요. 사람이 만드는 재화나 자본은 공급을 줄이거나 늘려서 조절할 수 있습니다. 하지만 토지는 한 사람이 많이 소유할수록 다른 사람은 적게 소유할 수밖에 없어요.

둘째, 누군가가 어떤 토지를 소유하면 다른 사람은 그 토지를 소유할 수 없어요. 다시 말해 토지는 소유자가 있으면 공유할 수 없습니다. 그래서 다른 재화나 자본의 가격은 **수요**와 **공급**의 상호 작용을 통해 결정되지만, 토지는 공급이 일정하므로 수요를 통해서만 가격이 결정되어요. 다시 말해 수요 증가가 가격 상승으로만 이어지게 되지요.

셋째, 토지는 다른 재화처럼 사용할수록 닳거나 가치가 떨어지지 않습니다. 오히려 오랜 세월을 두고 보면 토지의 가치는 상승하는 편이죠.

많은 사람이 토지를 소유하려고 하는 이유, 이제는 알 만하지요?

예술가는 가난한다는 생각은 편견일까요?

그림 공방에서 1,400점을 그려 낸 루벤스

페테르 파울 루벤스, 〈마리 드 메디시스의 마르세유 도착〉,
캔버스에 유채, 1622~1625년경, 파리 루브르 박물관

프랑스의 여왕 마리가 프랑스에 도착했을 때의 장면을 그린 그림이에요. 마리가
마치 여신처럼 보이지 않나요? 그림에서 신화적 요소를 찾아보세요.

누군가가 꿈이 예술가라고 하면 많은 사람이 이런 반응을 보입니다. '예술가는 가난하지 않아?' 예로부터 예술가는 먹고살기 어렵다는 이미지가 있어요. 정말 그럴까요? 결론부터 말하면 가난한 예술가도 많지만, 그에 못지않게 부유한 예술가도 많습니다. 예술가로서 이름을 널리 알린 이들은 더 많은 기회를 얻고, 작품 값이 오르고, 작품을 더 많이 팔 수 있지요. 이런 현상은 과거에도 마찬가지였어요. 대표적인 예가 〈마리 드 메디시스의 생애〉 연작을 그린 벨기에의 화가 루벤스입니다.

루벤스는 자신의 작품 외에도 대규모 공방을 운영한 화가로서 큰 주목을 받았습니다. 이탈리아 로마에 머물던 루벤스는 성당의 제단을 장식하는 대형 그림 주문을 받았어요. 촉박한 기한을 지키기 위해 그는 보조 화가를 한 명 구한 다음, 자신이 머물던 집이자 아틀리에(화실)에서 함께 작업했습니다. 이 집은 훗날 루벤스가 고향에서 꾸린 대형 공방의 시초라고 할 수 있어요.

왕들의 화가, 루벤스는 누구인가

페테르 파울 루벤스는 1577년 벨기에 안트베르펜의 유복한 집안에서 태어났어요. 법률가인 아버지 밑에서 자란 그는 라틴어학교에서 역사와 고대 문학 등을 공부하며 지식을 쌓았습니다. 열네 살 때는 어느 공작부인의 심부름꾼으로 잠시 일하며 귀족의 몸가짐을 익히고, 화가 수업을 받았습니다. 그 당시 화가들은 대체로 길드(중세 시대 상공업자들이 만든 동업자 조합)에서 도제 수업을 받았지만, 루벤스는 그 이상으로 풍부한 교육을 받았다고 해요. 1958년 루벤스는 드디어 조수 생활을 마치고 화가 조합인 성 루가 길드에서 인정을 받으며 화가로 독립합니다.

루벤스는 당시 신교와 구교의 오랜 전쟁으로 허덕이던 고향 안트베르펜을 떠나 이탈리아 베네치아로 갑니다. 그리고 그곳에서 이탈리아 만토바의 곤차가 공작 가문과 인연이 닿아 1600년 말부터 만토바 궁정에서 일하기 시작하지요. 1606년부터는 곤차가 공작의 허락을 받고 로마에 오랫동안 머물게 되었는데요, 이때 처음으로 성당의 제단화 주문을 받으면서 다른 작가와 공동 작업을 시작했습니다.

루벤스는 실력이 뛰어났지만 운도 꽤 좋았던 것 같아요. 로마에서 제단화를 마무리 짓고 1609년 고향으로 돌아온 이후 신교와 구교의 전쟁에서 휴전협정이 체결되었거든요. 비록 12년 동안이었지만요.

루벤스는 당시 예술의 본고장이었던 로마에서 대형 제단화를 그렸던 이력으로 이름을 널리 알립니다. 유명해지면서 안트베르펜 성당이나 수도원에서 제단화 주문을 많이 받았고, 그것을 공방에서 완성해 납품했지요. 게다가 그해 네덜란드의 총독 알브레히트 대공의 궁정 화가로 임명되면서 그림 주문은 더욱 쏟아졌습니다. 루벤스는 이듬해인 1610년 안트베르펜에 아틀리에가 딸린 웅장한 집과 중소기업 규모에 이르는 공방을 마련했어요.

그는 스페인과 잉글랜드를 오가며 외교관으로 활약하기도 했습니다. 잉글랜드 왕 찰스 1세에게 기사 작위를 받을 정도로 성공적으로 외교 업무를 처리했어요. 학교에서 배운 라틴어, 화가 생활 초기에 만토바 궁정에서 일하며 가다듬은 풍부한 교양, 세련된 몸가짐과 탁월한 화술 덕분에 '왕들의 화가'로서, 외교관으로서 유럽 권력의 중심부까지 진출할 수 있었지요.

궁전에 걸린 역사의 한 장면

그럼 작품을 볼까요? 〈마리 드 메디시스의 생애〉 연작은 피렌체의 메디치 가문에서 태어나 프랑스 왕 앙리 4세의 두 번째 왕비가 된 마리아 데 메디치(마리 드 메디시스는 마리아 데 메디치를 프랑스어로 번안한 것이랍니다)의 파란만장한 일생을 담고 있어요.

1600년 마리는 앙리 4세와 결혼하지만 그는 10년 후 암살당하고 말아요. 이후 마리는 어린 아들 대신 섭정에 나섭니다. 하지만 성년이 된 아들에게 왕위를 물려준 후에도 마리가 계속 실권을 휘두르자 아들인 루이 13세가 1617년 어머니인 마리에게 반기를 들고 일어납니다. 결국 마리는 파리 근교의 블루아 성에서 유배 생활을 합니다. 그러다 2년 뒤 블루아 성에서 탈출해서 군사들을 모으고 아들을 압박하지요. 결국 아들과 화해한 마리는 1620년에 파리로 놀아와요. 이후 파리 뤽상부르 궁전의 건설과 장식에 온 정성을 쏟던 마리는 이 궁전의 갤러리를 장식할 그림을 루벤스에게 주문합니다.

그때 나온 작품이 〈마리 드 메디시스의 마르세유 도착〉이에요. 이 작품은 루벤스의 걸출한 그림 솜씨뿐 아니라 평범한 사건을 영광스러운 사건으로 능숙하게 미화하는 뛰어난 자질을 보여 줍니다. 그림 속에서 숙모인 토스카나 대공비와 여동생인 만토바 대공비를 거느리고 위풍당당하게 배에서 걸어 내려옵니다. 푸른 바탕에 황금빛 백합 무늬의 망토를 휘날리는 인물이 마리를 환영합니다. 망토의 푸른색은 프랑스 왕실을 상징하는 색인 로열

블루로, 망토를 입은 인물은 프랑스를 상징하지요.

한편 배 아래에서는 오랜 항해 동안 그녀를 보살펴 준 바다의 신 넵투누스(그리스 신화에서는 포세이돈)와 바다의 요정들이 마리가 무사히 프랑스 마르세유에 도착한 것에 기뻐하며 환호합니다. 마리 일행의 머리 위에는 두 개의 나팔을 부는 명성의 여신인 파마(그리스 신화에서는 페메)가 마리의 프랑스 입성을 사람들에게 알리고 있어요.

색채의 거장으로도 불리는 루벤스는 은색 배경을 써서 황금빛 배와 인물들의 육체를 돋보이게 했습니다. 또한 붉은 카펫과 프랑스를 상징하는 푸른 망토를 대비해 생동감 넘치는 화면을 창조했어요. 육해공陸海空에서 벌어지는 성대한 환영으로 잊을 수 없는 역사의 한 장면이 완성되었지요.

루벤스는 어떻게 그림으로 부자가 되었을까?

〈마리 드 메디시스의 생애〉 연작은 루벤스에게도 엄청난 프로젝트였어요. 총 24점으로 구성된 이 연작은 원래 여왕이 머물던 뤽상부르 궁전의 마리 드 메디시스 갤러리에 걸릴 예정이었습니다. 갤러리는 17세기 대귀족의 저택이나 궁전에 있던 긴 복도 공간을 가리켜요. 보통 기다란 양쪽 벽면에 창문을 내고 잘 다듬은 안뜰과 바깥뜰을 보여 주면서 내부는 벽화로 화려하게 장식했습니다. 마리는 부와 권력의 상징이었던 이 공간의 장식을 당시 유럽 전역에서 가장 명성이 높았던 화가 루벤스에게 맡긴 것이었어요.

〈마리 드 메디시스의 생애〉 연작에 관한 오래된 기록 중에 루벤스가 직접 서명한 그림 주문 계약서가 남아 있어요. 계약서의 대금 지급 항목에 따르면 루벤스가 〈마리 드 메디시스의 생애〉 연작 24점, 〈앙리 4세의 전쟁과 승리〉 연작 24점으로 총 48점의 그림을 그리면 여왕이 그 대가로 6만 리브르를 지급한다고 적혀 있습니다. 17세기에 6만 리브르가 얼마큼 큰돈이었는지는 정확히 알 수 없어요. 하지만 당시 룩상부르 궁전의 1년 예산이 7만 리브르였고, 프랑스에서 가장 위대한 화가로 꼽히던 시몽 부에가 프랑스 재정부 장관의 파리 저택 전체에 걸 그림을 그려 주고 받은 돈이 1만 8,000리브르였다고 하네요. 루벤스가 이 그림들로 얼마나 많은 돈을 벌었는지 짐작이 가죠?

문제해결 능력 UP

루벤스는 화가로서 부유한 삶을 살았지만,
오늘날에도 예술을 직업으로 삼고 풍족하게 먹고살기란 쉽지 않습니다.
사회는 예술가를 위해 경제적으로 어떤 도움을 줄 수 있을까요?

페테르 파울 루벤스, 〈마리 드 메디시스의 생애〉 연작 전시실, 파리 루브르 박물관
전시실에 걸린 작품들의 엄청난 크기를 보세요.
루벤스는 수십 점이나 되는 그림을 자신의 대규모 그림 공방에서
분업을 통해 완성해 냈어요.

그림 주문 계약서에는 총 48점의 그림을 8년 안에 모두 완성해야 한다는 조항도 있었습니다. 루벤스는 그중 마리 드 메디시스 갤러리에 걸릴 〈마리 드 메디시스의 생애〉 연작 24점을 먼저 그리기 시작해 39개월 만인 1625년에 마쳤다고 해요. 계산해 보면 그림 1점당 50일이 채 걸리지 않았습니다. 높이가 약 4미터, 폭이 약 3미터나 되는 거대한 작품을 루벤스 혼자서 그 짧은 시간에 그릴 수는 없었겠죠? 작품이 그토록 빨리 완성된 이유는 공방, 그것도 당시 유럽에서 가장 규모가 컸던 공방에서 체계적이고도 효율적으로 작업을 진행했기 때문이에요.

루벤스는 지금으로 말하면 이 공방의 사장이었어요. 왕실과 귀족들을 상대하며 그림 주문을 따냈지요. 계약이 성사되면 루벤스는 등장인물, 주제, 배경 등을 결정하고 공방에서 실제 작품의 10분의 1 크기로 밑그림을 그렸어요. 그러면 조수가 이 밑그림을 실물 크기로 옮겨 그렸습니다. 밑그림을 맡았던 조수 중 한 명이 훗날 잉글랜드의 궁정 화가가 되는 안토니 반 다이크였어요.

밑그림이 완성되면 배경, 동물, 꽃 등을 전문으로 그리는 조수들이 그 위에 그림을 그렸습니다. 그림이 어느 정도 완성되면 루벤스가 직접 덧칠과 수정을 했습니다. 또한 인물화에서 매우 중요한 얼굴과 손은 루벤스가 직접 그렸다고 해요. 이러한 과정에서 빛나는 색채, 관능적인 인체, 대담하고 유연한 붓놀림이 특징인 루벤스 스타일의 작품이 완성되었지요.

루벤스가 1,400여 점의 작품을 남기는 데 효율적인 분업 시스템이 없었다면 절대 목표를 달성하지 못했을 겁니다. 그래서 전문가 중에는 분업을 거친 대규모 작품보다 루벤스가 손수 그린 밑그림을 중요하게 평가하는 사람도 있어요.

루벤스는 산업혁명 전에 자본주의의 특징인 분업을 효율적으로 이용했던, 시대를 앞선 사업가로도 볼 수 있어요. 그는 자신의 특징을 살려 다른 화가와 차별화된 전략으로 평생 부와 명예를 누렸지요. 화려하고 장대하며 대담한 그의 그림은 그가 누린 유복한 삶을 보여 준다고 봐도 지나치지 않을 것 같네요.

세계에서 가장 비싼 그림은 얼마일까요?

〈살바토르 문디〉와 미술 경매 시장

레오나르도 다빈치, 〈살바토르 문디〉,
패널에 유채, 1505~1515년경

예수 그리스도가 들고 있는 영롱한 수정 구슬을 보고 있으면 마치 그림 속으로 빨려
들어갈 듯한 느낌이 들어요. 묘하게 〈모나리자〉가 떠오르지 않나요?

세계에서 가장 비싼 그림은 무엇일까요? 바로 레오나르도 다빈치의 〈살바토르 문디〉입니다. 살바토르 문디는 라틴어로 '세상의 구원자', 즉 '구세주'를 뜻해요. 이 그림의 주인공이 예수 그리스도임을 알 수 있지요. 그리스도는 왼손에 우주의 천체를 상징하는 수정 구슬을 들고 있고, 오른손은 축복을 내리는 손짓을 하고 있어요.

예수 그리스도가 입은 푸른색 옷은 가슴 언저리에 섬세한 문양의 X자 띠로 장식되어 있습니다. 띠에 수놓인 문양은 그리스어 크리스투스^{ΧΡΙΣΤΟΣ}의 첫 글자를 뜻한다고 해요. 크리스투스는 '예수 그리스도'라는 뜻입니다. 다빈치가 이 작품을 완성한 16세기에는 살바토르 문디를 그린 작품들에서 우주를 상징하는 구슬을 들고 있는 경우가 많았어요.

이 작품의 가격은 과연 얼마일까요? 다빈치의 〈살바토르 문디〉는 2017년 유명 예술 작품을 판매하는 뉴욕 크리스티 경매 회사에서 4억 5,030만 달러에 팔렸습니다. 우리 돈으로 환산하면 약 5,000억 원이에요. 어마어마한 금액이죠? 누군가는 그림 하나에 어떻게 이렇게 비싼 값이 붙는지 의아하다고 할지도 몰라요. 그럼 그 이유를 알기 위해 지금부터 〈살바토르 문디〉를 보면서 미술품의 가격에 대해 이야기해 볼까요?

가장 비싼 그림에 숨겨진 이야기

〈살바토르 문디〉가 그토록 비싼 이유는 무엇일까요? 우선 이 그림의 화가가 레오나르도 다빈치란 점이 한 가지 이유가 될 거예요. 다빈치는 다방면에 재능과 호기심이 무척 많았어요. 그가 1482년 밀라노의 공작 루도비코 스포르차에게 군사 기술자 자리에 지원한다며 보낸 자기소개서에 따르면, 그의 능력은 매우 놀랍기 그지없습니다. 대포와 박격포를 만들 수 있으며, 성벽을 무너뜨릴 방책이 있고, 건물을 건축할 수 있는 등 다빈치는 자신이 지닌 능력 10가지를 제시합니다. 그리고 대리석이나 청동, 진흙으로 조각상을 만들 수 있으며, 그림 또한 그릴 수 있다고도 적었지요. 오늘날 세계에서 가장 유명한 그림이라는 〈모나리자〉의 화가인 그에게 어쩌면 그림 그리기는 여러 특기 중 하나가 아니었을까 싶어요. 그의 관심사는 과학, 수학, 건축학, 해부학을 망라했으니까요.

그래서인지 다빈치는 화가로서의 명성에 비해 작품 수는 매우 적은 편입니다. 그가 그렸다고 인정된 회화는 18점에 불과하고, 그중 두 작품은 완성되지도 못했어요. 심지어 모든 작품이 미술관이나 박물관에 소장되어서 개인은 소장할 수가 없었습니다. 그런데 어느 날 〈살바토르 문디〉가 나타났습니다. 개인이 소유할 수 있는 거의 유일한 다빈치의 작품이자 다빈치의 유화 완성작이 등장한 거예요. 이 작품은 〈모나리자〉에도 적용된 특유의 스푸마토 기법으로 그려져서 경매에 나오기 전부터 큰 화제를 모았습니다. 스푸마토 기법이란 윤곽선을 색이 번진 듯 부드럽게 그리는 것을 말합니다. 스푸마토 sfumato 는 이탈리아어로 '연기와 같은'이라는 뜻이죠. 이러한 스푸마토 기법 때문에 〈살비토르 문디〉에는 '남자 모나리자'라는 별명이 붙기도 했습니다.

다빈치의 〈살바토르 문디〉는 이전까지는 다빈치 제자의 작품으로 알려져 있었어요. 예수 그리스도의 얼굴과 머리카락 부분이 덧칠되어 있고 여러 군데 손상되기까지 해서 1958년 소더비 경매에서는 45파운드에 팔렸다고 해요. 당시 시세로 약 6만 원이었으니 무척 저렴하게 판매된 것이지요. 그런데 2005년 뉴욕의 미술상 두 명이 한 경매 회사의 도록을 넘겨 보고 1,175달러에 구입하면서 〈살바토르 문디〉의 운명이 달라집니다. 이후 두 미술상은 뉴욕 메트로폴리탄 미술관의 저명한 복원사에게 작품 복원을 의뢰했어요. 이때 덧칠을 닦아 내고 다빈치 특유의 스푸마토 기법과 붓질을 확인하면서 다빈치의 작품일 가능성이 제기되었죠. 2008년 〈살바토르 문디〉는 레오나르도 다빈치 전문가로 꼽히는 몇몇 미술사학자로부터 진품 감정을 받았고, 2011년에 영국 런던의 내셔널 갤러리 '밀라노 궁정의 다빈치' 특별전에서 다빈치의 작품으로 소개되며 일반인에게 최초로 공개되었어요.

희귀할수록 값이 올라간다

〈살바토르 문디〉를 사람들이 바라는 바를 충족해 주는 물건, 즉 재화로 바라보면 이 작품이 왜 화제를 몰고 다니고 비싼지를 알 수 있어요. 다빈치의 진품을 원하는 사람은 많은데, 개인이 소유할 수 있는 작품은 〈살바토르 문디〉 단 한 점뿐입니다. 수요는 많은데 공급은 전 세계를 통틀어 단 하나고, 게다가 이 작품을 그린 다빈치는 500년도 더 전에 세상을 떠나서 더 이상 그림을 공급할 수 없어요. 정리하면 〈살바토르 문디〉는 절대적으로 양이 부족한 다빈치의 진품이며 많은 사람이 가지고 싶어 하는, 희귀하고 희소한 재화인 셈입니다. 그래서 이 작품에 5,000억 원에 육박하는 천문학적인 가격이 매겨진 것이죠.

무언가를 소유하고자 하는 사람의 욕망은 무한합니다. 사람이라면 원하는 것을 한없이 갖고 싶어 하지요. 하지만 사람에게는 그 욕망을 채울 시간도, 이용할 수 있는 자원도 무한하지 않습니다. 인간은 유한한 존재니까요. 그래서 한정된 시간에서 무엇을 갖고 어떤 자원을 이용할지 선택해야 해요.

흔히 〈살바토르 문디〉처럼 희소성이 있는 재화를 경제재, 물이나 공기처럼 희소성이 없는 것은 자유재라고 합니다. 〈살바토르 문디〉가 다빈치의 작품인지 몰랐을 때는 희소성이 미미해서 경제재로서 가치가 낮아 가격이 형편없었습니다. 이처럼 희소성은 상황, 장소, 시대에 따라 변할 수 있어요. 공산품은 오래될수록 가치가 떨어지지만, 옛날 미술품은 오래될수록 가치가 올라가는 경우가 많아요. 예술가가 열정을 쏟아 완성하는 작품은 저마다 다르지요. 공산품처럼 똑같이 만들 수 없습니다. 그래서 〈살바토르 문디〉처럼 세상에 하나뿐이라는 가치가 생기는 거예요. 다빈치처럼 화가가 이미 세상을 떠났으면 또 다른 작품을 그릴 가능성이 전혀 없으므로 희소성이 더욱 커집니다.

사고력 UP

수요와 공급의 양이 증가하거나 하락했을 때 시장 가격은 어떻게 달라질까요?
실생활에서 쉽게 접하는 예를 들어 설명해 보세요.

미술품의 가격과 홍보 효과

희소성이 큰 예술 작품을 거래할 때는 흔히 경매 회사를 이용합니다. 경매란 어떤 물건을 사려는 사람이 여럿일 때 값을 가장 높이 부르는 사람에게 파는 것을 말해요. 작품의 희소성에 가장 많은 대가를 치를 수 있는 사람에게 작품이 가도록 하는 것이니 경매는 예술 작품의 거래에 가장 적합한 방식이라고 할 수 있겠지요.

〈살바토르 문디〉도 미술품 경매 회사인 소더비와 크리스티를 통해 거래되었습니다. 사실 크리스티 경매 회사는 〈살바토르 문디〉가 다빈치의 진품임이 판명되기 전에 이 작품을 소장했던 수집가의 컬렉션 경매에서 이 작품을 제외했어요. 하지만 이 작품이 다빈치가 직접 그린 그림이란 것이 확인된 후에는 2017년 경매를 준비하며 홍콩, 런던, 샌프란시스코 등에서 순회 전시회를 개최했어요. 〈살바토르 문디〉를 복원한 복원사와 다빈치의 진품임을 인증한 전문가를 등장시켜 홍보 영상물을 제작하기도 했지요. 한마디로 〈살바토르 문디〉가 세간의 화제를 모았던 데는 이토록 계산된 연출이 한몫했습니다.

그런데도 〈살바토르 문디〉가 과연 다빈치가 그린 진품인가 하는 사실에 의문을 표하는 전문가가 여전히 많다고 합니다. 어마어마한 금액으로 〈살바토르 문디〉를 낙찰받았다고 알려진 사우디아라비아의 왕세자는 여전히 이 작품을 샀다고 밝히지 않았다고 하고요. 또한 많은 사람의 예상과 달리 〈살바토르 문디〉는 2018년에 열린 루브르 아부다비 박물관 개관식에도 전시되지 않았습니다. 도대체 이 작품은 지금 어디에 있을까요?

세상 사람들의 입방아에 오를 만한 이야깃거리를 끊임없이 만들어 내면서 〈살바토르 문디〉는 점점 더 유명해지고 있어요. 이러한 과정에서 작품의 홍보 효과는 더욱 커질 것입니다. 그에 따라 작품의 가치가 더욱 상승하리라는 것은 여러분도 충분히 예상할 수 있겠죠?

6교시

○

사회시간

창의 융합적 사고를 위한

사회 × 미술 빙고!

누드	모방	창조	패러디
차용	구도	홀로코스트	유대인
아우슈비츠 수용소	제2차 세계대전	게토	디아스포라
반유대주의	차별	혐오	표현주의

얼마나 알고 있는지 체크해 볼까요?

Q 모방과 창작의 경계를 어떻게 나누죠?

비난받은 명작 〈풀밭 위의 점심식사〉

에두아르 마네, 〈풀밭 위의 점심식사〉,
캔버스에 유채, 1863년, 파리 오르세 미술관

숲속에서 점심식사가 한창이네요. 남자들은 옷을 잘 차려입었는데, 왜 여자들은
옷을 거의 걸치지 않았을까요? 그림이 무엇을 말하는지 궁금하지 않나요?

앞서 인상주의 화가들이 공장에서 생산된 튜브 물감을 들고 점차 야외에서 그림을 그리기 시작했다고 했지요. 외광^{外光}을 담는 회화를 예견한 그림이 이 시기보다 약 10년 전에 나왔다는 것을 알고 있나요? 바로 마네의 〈풀밭 위의 점심식사〉입니다. 〈풀밭 위의 점심식사〉를 그릴 때 마네는 이런 포부를 밝혔다고 합니다. "나는 투명한 대기 속의 누드, 그것도 흔히 볼 수 있는 사람들의 누드를 그리겠어."

〈풀밭 위의 점심식사〉는 원근법을 적용했을 때 일행과 떨어져 강물에서 몸을 씻는 여인이 꽤 크게 보여서 어색하다는 아쉬움이 있습니다. 하지만 이를 제외하면 생생한 색채로 싱그러운 숲속 분위기를 고스란히 전달하지요. 이 작품은 '투명한 대기 속의 누드'라는 마네의 목표를 충분히 달성한 것 같아요. 그런데 이 유명한 그림의 구도, 어디선가 많이 본 것 같지 않나요? 기분 탓이 아니에요. 그 이유를 알려면 먼저 마네 이야기를 해야 합니다.

마네는 거장의 그림을 따라 그렸을까?

1832년 프랑스의 유복한 집안에서 태어난 마네는 거의 낙제에 가까운 성적을 받을 정도로 학교생활을 싫어했어요. 해양학교 입학시험에서 두 번이나 떨어진 후에야 마네는 화가가 되겠다는 자신의 포부를 법무부 고위 관리인 아버지에게 겨우 인정받을 수 있었죠. 그는 파리 루브르 박물관에서 여러 거장 화가의 그림을 모사하고 이탈리아, 스페인 등을 여행하며 거장의 작품을 분석하고 연구했어요.

1859년부터 마네는 살롱에 작품을 내놓았지만 그다지 큰 성과는 거두지 못했어요. 그러나가 1863년 기회가 찾아옵니다. 당시 프랑스를 다스리던 나폴레옹 3세가 살롱의 심사위원들이 너무 엄격하다면서 살롱에서 입상하지 못한 작품들을 모아서 이른바 '낙선전'을 개최하라고 명했거든요. 이때 마네가 낙선전에 제출한 작품들 중 하나가 〈풀밭 위의 점심식사〉였습니다.

이때만 해도 마네는 아직 신진 화가였어요. 그는 특히 그림을 그릴 때마다 구도 잡기에 어려움을 겪었는데요, 그래서인지 마네는 이탈리아 화가인 라파엘로와 티치아노 베첼리오의 작품에서 구도를 빌려 왔어요. 그럼 〈풀밭 위의 점심식사〉를 보면서 이야기해 볼까요?

작품의 배경은 나무들이 우거진 숲속이에요. 등장인물은 남자 두 명과 여자 두 명인데, 이들이 어떤 사이인지는 알 수 없습니다. 남자들은 말쑥하게 차려 입었는데 여자들은 그렇지 않아요. 그림 왼쪽에는 여자들이 벗어 놓은 옷가지 위에 피크닉 바구니가 쓰러져 있고 그 바구니에서 흘러나온 과일과 빵이 흩어져 있어요.

마네의 〈풀밭 위의 점심식사〉와 180쪽의 작품을 비교해 볼까요? 이탈리아의 동판화가인 마르칸토니오 라이몬디의 동판화로, 라파엘로의 〈파리스의 심판〉을 모사한 것입니다. 여러분이 보기에 〈풀밭 위의 점심식사〉와 비슷한 점이 보이나요? 맞아요. 특히 동판화의 화면 오른쪽에 묘사된 강의 신들이 앉아 있는 자세가 〈풀밭 위의 점심식사〉에서 화면 오른쪽의 남자와 화면 왼쪽의 옷을 벗고 앉아 있는 여자와 정말 흡사하죠?

그럼 181쪽의 작품은 어떤가요? 한때 이탈리아의 화가 조르조네의 작품으로 추정되었던 티치아노 베첼리오의 〈전원의 합주〉입니다. 〈풀밭 위의 점심식사〉와 비교해 보면 인물들의 배치는 다르지만, 남자 둘은 옷을 입고 이야기를 나누며 여자들은 옷을 거의 입지 않았다는 점에서 비슷하지요. 그렇다면 마네의 〈풀밭 위의 점심식사〉는 옛 작품을 모방한 것으로 봐야 할까요? 아니면 엄연한 창작물로 인정해야 할까요? 도대체 **모방**과 **창조**의 경계는 어디쯤일까요?

마르칸토니오 라이몬디, 〈파리스의 심판〉(라파엘로 산치오의 원작을 모사한 동판화 일부),
1515~1517년경, 샌프란시스코 팰리스 오브 파인아트
아쉽게도 현재 라파엘로의 원작은 전해오지 않습니다.
그러나 라이몬디가 복제한 이 동판화는 여러 점이 남아 350년 뒤
마네의 〈풀밭 위의 점심식사〉로 다시 모방되며 유명해지게 되었어요.

티치아노 베첼리오, 〈전원의 합주〉,
캔버스에 유채, 1509년, 파리 루브르 박물관
한눈에 봐도 〈풀밭 위의 점심식사〉와 비슷해 보이는 이 작품!
여러분도 공통점을 찾아냈나요?

〈풀밭 위의 점심식사〉가 처음 공개되었을 때 관객에게 큰 비난을 받았다는 사실이 일부 답이 될 수 있을 거예요. 여러분은 〈풀밭 위의 점심식사〉가 비난받았던 이유가 무엇이라고 생각하나요? 모네가 라파엘로와 티치아노의 작품을 모방했기 때문일까요?

이 당시 그림 그리기를 배우는 방법 중 하나는 루브르 박물관에 전시된 작품들을 본떠서 그려 보는 것이었어요. 그래서 그때는 거장의 그림에서 구도를 따라 그리는 것을 별문제로 삼지 않았던 듯합니다. 〈풀밭 위의 점심식사〉가 많은 관객을 화나게 한 이유는 다른 데 있었지요.

〈파리스의 심판〉이나 〈전원의 합주〉는 물론 당대 나온 미술 작품에서 누드 차림의 여인은 흔히 신화에 등장하는 여신이나 님프(젊고 아름다운 여자 모습의 요정)로 여겨졌어요. 그러나 당시 〈풀밭 위의 점심식사〉를 본 관객들은 그림 속 여인을 '실제 여성의 벌거벗은 모습'으로 바라보았습니다. 남자들은 옷을 모두 차려입고 있기 때문이었죠. 심지어 이 여인은 벌거벗은 자신의 모습을 부끄러워하는 기색 없이 화면 바깥의 관객을 빤히 보고 있잖아요. 〈풀밭 위의 점심식사〉를 본 관객, 특히 남성 관객들은 이 당돌한 여인과 눈이 마주치고는 불편한 기분을 느꼈어요. 심지어 모욕당했다고 느끼기도 했지요. 어쩌면 이 작품이 겉으로는 고상하고 젊잖게 행동하지만 사람들의 시선을 벗어난 한적한 숲

속에서는 음탕하게 행동하는 자신의 위선을 폭로한 것 같아 노발대발한 게 아닐까 싶어요. 도둑이 제 발 저리듯이 말이죠.

이렇듯 마네는 〈풀밭 위의 점심식사〉를 그릴 때 라파엘로의 그림을 모사한 라이몬디의 동판화와 티치아노의 〈전원의 합주〉에서 구도 등을 가져왔지만, 누드가 아닌 그야말로 현실 그대로의 '벌거벗은 몸naked'을 그려서 작품에 새로운 의미를 만들어 냈어요. 누드에 대한 당대의 관례를 따르지 않음으로써 〈풀밭 위의 점심식사〉는 당시의 위선을 고발한 도전적인 작품이 되었지요. 새로운 성과를 이루어 냈다는 의미에서 마네의 〈풀밭 위의 점심식사〉는 모방이 아닌 '창조'인 셈입니다.

무에서 유를 만드는 창조는 없다?

그렇다면 우리가 흔히 생각하는 무無에서 유有를 만들어 내는 식으로 '창조'를 정의하는 것은 과연 가능할까요? 사실 이러한 창조 개념은 애초에 없었다고 해요. 그런데 18세기 후반부터 19세기까지 유럽의 예술을 주름잡았던 낭만주의에서는 인간의 감정보다 이성이, 집단보다는 개인이 중요하다고 보았습니다. 낭만주의의 영향으로 당시 유럽에서는 이성의 산물인 과학의 한계를 고발한다는 면에서 비합리성과 그에 근거한 예술가의 활동을 찬양했지요. 또한 창작자의 감정과 철학을 드러내는 자기표현을 창작과 창조로 보았어요. 그에 따라 유일무이한 창조와 창작의 개념이 생겼다고 합니다.

그래서 우리 시대의 수많은 예술가는 이런 유일무이한 창조와 창조 개념에 도전하면서 전략적으로 패러디^{parody}와 차용^{借用}을 이용한 작품들을 만들고 있답니다. 이를테면 신디 셔먼이라는 여성 미술가는 16세기 말에서 17세기 초에 활동한 이탈리아의 화가 미켈란젤로 메리시 다 카라바조의 〈병든 바쿠스〉를 자기 작품에 이용했어요. 셔먼은 자기 자신을 핼쑥해 보이게끔 분장하고 그림 속 바쿠스처럼 반쯤 벗은 모습 그리고 넝쿨을 머리에 썼습니다. 그런 다음 한 손에 모조 포도를 잡은 채로 사진을 찍었죠. 셔먼의 이 작품은 서양미술사에서 걸작과 대가의 이미지가 이제는 허울에 불과할 뿐이라고 폭로합니다. 동시에 남성 미술가의 작품을 빌려와 미술사에서 여성 미술가의 위치를 다시 생각해 보도록 하죠.

사고력 UP

패러디, 오마주, 표절의 차이는 무엇일까요?

이렇게 패러디나 차용을 이용한 작품을 보면 '태양 아래 새로운 것은 없다'는 말이 떠올라요. 그렇다고 창작이나 독창성이 존재하지 않는다는 건 아니에요. 다만 새롭게 이룩된 성과와 가치를 창조로 인정하느냐는 문제가 있을 뿐이죠.

여러분은 마네의 〈풀밭 위의 점심식사〉를 모방과 창조 어느 쪽으로 평가하고 싶나요? 오늘따라 "독창성이란 사려 깊은 모방"이라고 했던 프랑스 사상가 볼테르의 말이 새삼스럽게 다가오네요.

차별과 혐오로 고통받은
화가가 있다고요?

홀로코스트와 〈유대인 신분증을 쥔 자화상〉

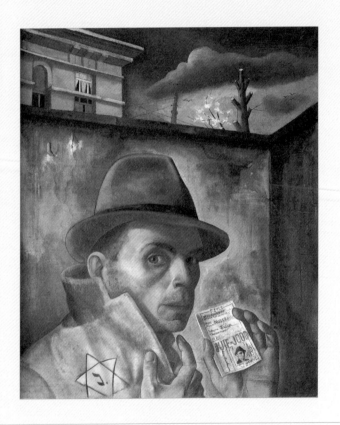

펠릭스 누스바움, 〈유대인 신분증을 쥔 자화상〉,
캔버스에 유채, 1943년, 오스나브뤼크 펠릭스 누스바움 하우스

한 남성이 유대인임을 증명하는 신분증을 들고 정면을 응시하고 있네요. 누스바움은
왜 이런 자화상을 그릴 수밖에 없었을까요?

여러분은 **홀로코스트**holocaust의 의미를 아나요? 원래는 인간이나 동물의 대대적 살상 행위를 가리키는 말이었는데요, 현재는 제2차 세계대전 중에 나치 치하의 독일이 자행한 유대인 대학살을 가리키는 말로 쓰입니다. 홀로코스트로 희생된 유대인은 600만 명에 이른다고 하지요. 인간의 폭력성과 잔인함, 배타심, 광기가 어느 정도까지 심해질 수 있는지를 극단적으로 보여 주기 때문에 홀로코스트는 지난 20세기 인류 최대의 치욕적인 시긴으로 꼽힙니다.

지금 여러분이 보고 있는 그림은 홀로코스트의 희생자이자 독일의 유대인 화가 펠릭스 누스바움의 자화상 〈유대인 신분증을 쥔 자화상〉입니다. 남자가 화면 앞쪽에 너무 바짝 붙어 있어서 이 그림을 보는 순간 가슴이 답답해지거나 놀라기도 했을 것입니다. 누스바움이 왜 이런 작품을 남기게 되었는지, 그리고 유대인은 어떤 이유로 희생되었는지를 차근차근 살펴보도록 합시다.

홀로코스트를 증언하는 자화상

〈유대인 신분증을 쥔 자화상〉을 자세히 살펴볼까요? 잿빛 중절
모를 쓴 남자는 누런색 코트의 깃을 세워 유대교와 유대인을 나
타내는 정삼각형 두 개가 맞물린 육각별, 일명 '다비드의 별'을
보여 줍니다. 그러면서 눈을 크게 뜨고 화면 밖의 우리를 바라
봅니다. 남자는 왼손에 유대인 신분증을 들고 있어요. 마치 우리
에게 확인시켜 주는 듯합니다. 이 신분증에는 붉은색으로 'JUIF-
JOOD'라는 글자가 찍혀 있는데요, 이 글자는 '유대인'을 뜻합니
다. 얼굴은 어때 보이나요? 얼굴색이 칙칙하고 표정도 무척 피곤
해 보입니다. 남자의 퀭한 눈빛은 어딘지 체념한 듯 보이기도 하
고 간절해 보이기도 하네요. 남자의 키를 훌쩍 넘어서는 높다란
담장은 그를 아주 좁은 공간에 가둬 두는 듯합니다.

　화면 위쪽 담장 바깥을 살펴볼까요? 높다란 건물, 가지가 잘
린 나무 그리고 잿빛 하늘에 흘러가는 회색 구름이 보입니다. 가
지가 잘린 나무 옆에 흰 꽃나무의 우듬지가 살짝 보여요. 어쩌면
이 꽃나무는 봄이면 사람들의 마음을 설레게 했던 벚나무일지
도 몰라요. 온통 거무죽죽하고 어두운 절망적인 풍경에서 그나
마 숨통을 트여 주는 이 흰 꽃나무는 남자가 끝까지 포기하지 못
한 한 줌의 희망이 아니었을까요?

유대인 화가의 비극적 삶

펠릭스 누스바움은 1904년 독일 서부 오스나브뤼크의 유대계 부모에게서 태어났어요. 그의 아버지는 제1차 세계대전에서 독일 공군의 조종사로 참전했을 정도로 독일인으로 인정받기 위해 독일에 충성했다고 해요. 아마추어 화가였던 누스바움의 아버지는 아들의 미술 공부에 지원을 아끼지 않았어요.

나치가 독일에서 정권을 장악했던 1933년 누스바움은 베를린 예술 아카데미에서 장학금을 받아 로마에서 그림 공부를 했을 정도로 촉망받는 학생이었죠. 하지만 나치 치하에서 유대인이었던 누스바움은 학업을 중단하고 나라 없이 유럽 여기저기를 떠돌 수밖에 없었습니다.

1934년 누스바움은 스위스로 가서 피신 중인 부모를 만났는데 이때가 부모와의 마지막 만남이었다고 해요. 1935년부터 누스바움은 벨기에에 머물게 되었습니다. 당시에 일하지 않는 조건으로 유대계 난민을 받아 주는 곳이 벨기에밖에 없었다고 합니다. 하지만 1940년 독일군이 벨기에를 침공하자 벨기에 정부는 독일 여권이 있는 15세 이상의 남자들을 인질로 잡아 수용소로 보냈어요. 누스바움도 그중 한 명으로 프랑스 남부의 지중해와 가까운 생시프리앙 수용소로 이송되었죠. 그곳에서 누스바움은 독일로 향하는 송환 열차에서 가까스로 탈출했고, 벨기에 브뤼셀에서 아내와 다시 만났습니다.

하지만 벨기에가 나치에게 점령되면서 1940년 10월에는 벨기에에 유대인 등록령이 내려집니다. 이듬해 1월에는 당시 독일 제3 제국 법령으로 국외 독일 국적 유대인의 시민권이 박탈되었어요. 누스바움 부부의 벨기에 외국인 등록증과 독일 국적 여권도 무효가 되었습니다. 무국적자 난민 신세가 된 누스바움은 거주 허가 서류가 없으니 일을 할 수 없었고, 수입도 없었어요. 다행히 그의 친구와 지인 들이 피난처를 구해 주고 그림 도구를 챙겨 줘서 그림을 그릴 수 있었답니다. 〈유대인 신분증을 쥔 자화상〉은 이 시기에 그려진 작품이에요.

연합군의 브뤼셀 해방이 얼마 남지 않았던 1944년 7월, 누스바움 부부는 은신하던 다락방에서 독일군에게 발각되어 체포되었어요. 그리고 벨기에 거주 유대인을 수용하는 메헬렌 임시 수용소에 머물렀다가 악명 높은 아우슈비츠 수용소로 이송됩니다. 당시 누스바움 부부가 탄 열차는 아우슈비츠로 유대인을 보내는 마지막 열차였다고 해요. 결국 부부는 1944년 8월 9일에 죽음을 맞습니다. 제2차 세계대전이 끝날 때까지 벨기에에서 추방당한 유대인은 약 2만 5,000명이었고, 그중 약 2만 3,000명이 아우슈비츠로 보내졌다고 하지요.

펠릭스 누스바움, 〈수용소에서의 자화상〉, 1940년, 뉴욕 노이에 갤러리
누스바움의 또 다른 자화상이에요.
수용소의 열악한 생활환경이 적나라하게 표현되었네요.
누스바움의 표정에서 어떤 감정이 읽히나요?

차이가 낳은 차별과 혐오

도대체 유대인은 무슨 이유로 이렇게 학살되었던 걸까요? 사실 유대인 차별의 역사는 아주 길어요. 고대에 아시아 서쪽의 팔레스타인에 살던 유대인은 기원전 8세기 아시리아로 인해 이스라엘 왕국이 멸망하고, 뒤이어 기원전 6세기 바빌로니아인의 침략으로 팔레스타인 남쪽 유다 왕국이 멸망하자 고향인 팔레스타인을 떠나게 됩니다. 이후 지중해 인근 지역에서 유대인 공동체를 이루며 살게 되었어요. 이렇게 세계 각지에 흩어져 살면서 유대교의 규범과 생활 관습을 유지하는 유대인을 디아스포라diaspora라고 합니다.

고대와 중세를 거치며 디아스포라는 지중해 연안에서 유럽 각 지역으로 더욱 퍼져 나갔고, 이에 맞서 디아스포라에 반대하고 그들을 혐오하는 분위기가 확산되었습니다. 유대인이 배타적인 성향을 지녔으며, 주로 상업과 무역업으로 부를 쌓았고, 지배자의 집사나 세금을 걷는 일을 하며 특권을 누렸다는 것이 그 이유였어요. 4세기 로마 제국에서 그리스도교를 공인하고 국교로 삼은 이후 그리스도교 교인에게 유대인과의 결혼과 농작물 분배를 금지하면서 이러한 분위기가 더욱 굳어졌다는 이야기도 있습니다.

중세 전기만 해도 그리스도교 교도와 이슬람교 교도는 비교적 평화롭게 공존했어요. 하지만 11세기 말부터 13세기 후반까지 십자군 원정으로 그리스도교 교도가 이슬람교 교도와 전쟁을 벌이면서 유대인을 이교도(다른 종교를 믿는 사람)로 보고 적대시하게 되었지요.

유대인은 전당포, 환전상, 고리대금업 등 그리스도교 교도가 기피하는 일을 하며 주로 도시에 살았습니다. 당시 그리스도교 교도는 이자를 얻는 일을 하지 못하게 되어 있었어요. 또한 유대인들은 고유한 문화를 지키려고 그리스도교 교도와는 지리적·사회적으로 멀리 떨어져 살았는데, 이러한 유대인 거주 지역을 게토ghetto라고 부릅니다.

19세기 중엽까지는 유대인을 배척하는 사상인 반유대주의의 주원인이 종교 차이였습니다. 이후 사회적·경제적으로 자유가 확대되면서 다른 방향으로 반유대주의가 전개되었어요. 자본주의와 근대 민족통일국가가 성립하고 발전하면서 재산을 잘 관리하고 환경에 잘 적응한 유대인들은 소수 집단이어도 경제 활

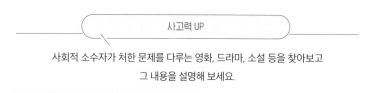

사고력 UP

사회적 소수자가 처한 문제를 다루는 영화, 드라마, 소설 등을 찾아보고
그 내용을 설명해 보세요.

동에서 무시할 수 없는 세력이 되었기 때문입니다. 그러면서 유대인 박해가 더욱 심해집니다.

특히 독일에서는 1870년에서 1871년까지 이어진 프로이센 프랑스 전쟁 이후 경제 상황이 나빠지자 반유대주의가 확산되었어요. 그 당시 몇몇 학자는 유대인이 '독일의 하나 됨'을 저해하는 요소라고 지적하기도 했지요. 이런 견해는 제1차 세계대전에서 패배하며 독일이 겪은 비극이 유대인이 존재하기 때문이라는 나치의 주장과도 비슷합니다.

이토록 유서 깊은 차별과 혐오의 역사는 사실 유대인에게만 향한 게 아니에요. 제2차 세계대전 중에 나치는 홀로코스트와 별개로 집시와 성소수자 같은 소수 집단도 학살했어요. 제2차 세계대전이 끝난 후에도 여전히 많은 곳에서 비주류 소수 집단에 대한 차별과 혐오 범죄가 이어졌어요. 캄보디아 내전과 유고슬라비아 전쟁에 있었던 민족 청소(인종 청소라고도 합니다)가 대표적인 예입니다.

현재 지구에는 피부색, 인종, 민족이 다양한 약 79억의 인구가 살고 있어요. 지금처럼 국제적으로 교류가 일상적인 사회에서 과거의 나치처럼 다른 인종과 민족을 제거하고 단일 사회나 국가를 세우겠다는 것만큼 허황되고 그릇된 구호가 어디 있을까요? 제2차 세계대전의 참담한 결과가 이미 그것을 증명하고 있는데도 지구촌 곳곳에서는 여전히 서로 다른 이해관계를 둘러싸고 차별과 혐오가 벌어지고 있습니다. 이 질긴 사슬을 끊어 내려면 나 아닌 '타인', 우리가 아닌 '저들'도 나처럼 존중받고 행복하게 살아갈 권리가 있는 똑같은 인간이라는 점을 잊지 말아야 해요. 어떤 사회나 집단을 위해 기꺼이 희생되어도 좋은 사람은 없으니까요.

불안과 우울을 어떻게
예술로 승화할까요?

내면의 고통을 표현한 〈절규〉

에드바르 뭉크, 〈절규〉,
종이에 밀랍 크레용과 템페라, 1893년, 오슬로 국립 미술관

뭉크의 대표작인 이 그림은 볼 때마다 비명이 귓가에 들리는 듯합니다. 뭉크는 어떤
심정으로 이 그림을 그리게 되었을까요?

지금 여러분이 보는 그림은 19세기 말에 활동한 노르웨이 출신의 화가 에드바르 뭉크의 대표작인 〈절규〉입니다. 뭉크는 자신이 겪은 강렬한 경험을 토대로 이 그림을 그렸는데요, 이에 대한 내용이 뭉크가 남긴 메모에 생생히 기록되어 있어요.

> "친구 둘과 산책을 나갔다. 해가 지기 시작했고 하늘이 핏빛으로 물들었다. 나는 갑자기 걷잡을 수 없는 슬픔에 빠져 멈춰 서서 난간에 기대었다. 매우 피곤했다. 핏빛과 마치 혓바닥을 날름거리는 불길처럼 붉은 기운이 검푸른 피오르드와 도시를 뒤덮고 있었다. 친구들은 계속 걸었지만 나는 두려움에 떨며 홀로 뒤쳐졌다. 그때 나는 자연을 관통하는 끝없는 절규를 들었다."

그의 메모에 따르면 〈절규〉의 주인공은 뭉크 자신인 듯해요. 그림 속 인물은 화면 밖을 바라보면서 오랫동안 환청에 시달린 듯 허리를 구부린 채 귀를 막고 비명을 지르고 있어요.

뭉크가 메모에 남긴 "자연을 관통하는 끝없는 절규"는 그림 속 자신마저 관통해 그림 전체로 퍼져 나가는 듯합니다. 감상자까지 불안과 두려움을 강렬하게 느끼게 하는 〈절규〉는 어떤 과정에서 탄생했을까요?

슬픔과 절망이 담긴 그림

뭉크의 생애와 작품 세계에서는 불안과 두려움이 낯설지 않습니다. 뭉크는 다섯 살 때 결핵으로 어머니를 잃었어요. 9년 후인 열네 살 때는 누나도 결핵으로 세상을 떠났지요. 여동생은 우울증으로 치료를 받았고, 아버지마저 우울증을 앓다가 뭉크가 파리로 유학을 떠난 1889년에 세상을 떠나고 맙니다. 뭉크 역시 심한 우울증을 앓았어요.

뭉크의 어머니가 세상을 떠나자 숙모가 뭉크의 가족을 돌봐주었다고 해요. 뭉크에게 그림을 권한 사람도 숙모였습니다. 뭉크가 평생 그림으로 상처투성이인 마음을 위로하고, 살아갈 힘을 얻을 수 있었던 건 숙모 덕이었어요. 뭉크에게 그림을 그리는 원동력은 자신의 내면을 표현하려는 의지였습니다.

1886년에 그린 〈병든 아이〉에서 뭉크는 누나의 죽음으로 겪었

에드바르 뭉크, 〈병든 아이〉, 캔버스에 유채, 1886년, 오슬로 국립 미술관

뭉크는 누나의 죽음을 다룬 이 작품을 1886년 이후에도 여러 번 더 제작합니다.

던 큰 슬픔을 처음으로 표현합니다. 누나 소피는 열다섯 살에 세상을 떠나고 말았어요. 화면에는 침대 위에 커다란 하얀 베개를 베고 앉아 있는 창백한 얼굴의 소녀가 있어요. 그 옆에는 검은 옷을 입은 여인이 소녀의 왼손을 꼭 잡고 고개를 숙이고 있는데요, 아픈 소녀를 차마 바라보지 못하는 것처럼 보입니다. 여인의 등 뒤에는 검은색 커튼이 드리워져 있어요. 마치 아이의 죽음을 예고하듯 불길해 보이네요. 소녀의 슬픈 표정에는 누나의 죽음이 가져온 뭉크의 슬픔과 절망이 고스란히 담겨 있습니다.

뭉크는 〈병든 아이〉와 같은 주제로 약 40년 동안 다양한 작품을 만듭니다. 여섯 번이나 유화를 그렸고, 드로잉과 판화 등으로 다양하게 표현해 냈지요. 사실 뭉크 또한 누나처럼 결핵을 앓았어요. 누나와 달리 자신은 살아남았다는 것을 빚처럼 생각하지 않았을까 싶기도 합니다.

뭉크는 〈병든 아이〉뿐만 아니라 〈절규〉도 1892년부터 1895년까지 네 번 그렸어요. 그는 이처럼 특별한 경험을 하거나 감정이 떠오를 때마다 작품을 반복해 그리면서 마음을 추스르려고 했습니다. 또한 같은 주제를 다른 그리기 방식으로 다르게 표현하면서 알맞은 표현 방법을 찾으려고 했어요.

〈절규〉를 다시 한번 자세히 들여다볼까요? 뭉크는 이 작품 속 공포에 질린 얼굴을 그 무렵 발견된 페루의 미라를 참고해 그렸어요. 크게 벌어진 눈, 코, 입은 단순하게 표현했습니다. 뭉크는 흡사 해골이 떠오르는 작품 속 주인공이 누구인지 정확히 알려 주지 않습니다. 그래서일까요? 그림이 공개되었을 때 사람들은 뭉크의 놀라운 경험을 마치 자신의 경험처럼 받아들였어요. 급격한 사회 변화로 불안했던 19세기 말 보통 사람의 경험처럼 느꼈던 것 같기도 해요.

보이는 것이 아닌 본 것을 그리다

1889년 뭉크는 장학금을 받고 파리로 유학을 떠납니다. 파리에서 뭉크는 인상주의를 비롯해 고흐와 고갱의 그림을 접하고 많은 영향을 받았어요. 이때 뭉크는 "나는 내 눈에 보이는 것을 그리는 게 아니라 내 눈이 본 것을 그린다"고 하며 그림의 방향을 정합니다. 자기가 느낀 것을 주관적으로 그리겠다는 뭉크의 의지가 엿보이는 말이지요.

〈절규〉를 보면 알 수 있듯 뭉크는 객관적이거나 지나치게 구체적으로 그림을 그리지 않았어요. 오히려 표현을 위해서 형식과 형태를 무너뜨리는 것을 두려워하지 않았습니다. 색도 보이는 대로 칠하지 않고 자신의 내면을 표현했습니다. 그에게 그림은 곧 자신의 마음을 돌아보고 두려움을 극복하는 수단이었습니다.

앞서 〈절규〉를 설명할 때 뭉크가 메모에 "자연을 관통하는 끝없는 절규"라고 적었다고 했죠? 자연의 절규이면서 동시에 뭉크의 절규이기도 한 이 소리의 울림을 화면에서 확인할 수 있어요. 메아리치는 절규에 하늘, 땅, 물이 파도처럼 너울댑니다. 긴 곡선을 이루는 크레용 자국이 이러한 자연의 움직임을 강조하지요. 시인 라이너 마리아 릴케가 뭉크의 선이 공포를 구조화하는 힘을 갖고 있다고 이야기했을 정도였어요.

화면 왼쪽에는 경사가 급한 대각선으로 다리에 속도감을 더했습니다. 이 다리로 메아리치는 절규의 곡선이 돋보이네요. 또한 주황, 빨강, 파랑, 초록, 노랑처럼 화면 전체에 원색이 대비되면서 불안과 공포가 증폭됩니다. 어떤가요? 뭉크가 느꼈던 두려움이 여러분에게도 전해지나요?

뭉크는 풍경화를 그릴 때도 눈에 보이는 그대로를 그리지 않았어요. 그는 이렇게 말했죠.

"아주 감성적일 때 풍경은 사람들에게 특별한 힘을 발휘한다. 그 풍경을 그리면 그림을 보는 사람이 그림에 그려진 감성을 그대로 느낄 수 있다. 이 감성이 가장 중요하다. 자연은 그저 도구에 불과하다.”

훗날 뭉크는 〈절규〉를 그렸던 당시 자신의 감정 상태를 이렇게 말하기도 했어요. “몇 년 동안 나는 미치광이와 마찬가지였어. 나는 극한으로 치닫고 있었고, 자연은 내 핏속에서 절규를 토해냈지.”

뭉크가 지금까지 기억되는 이유

19세기의 산업화는 그야말로 진보의 상징이었습니다. 하지만 19세기 말로 접어들면서 사회 곳곳에서는 산업화의 부작용이 드러나기 시작했어요. 근대 이전에 개인을 구속하면서도 보호해 주었던 공동체가 무너지고, 인간이 모래알처럼 흩어지며 개인으로 고립된 것이지요. 많은 사람이 군중 속의 고독을 더욱 심하게 느끼기 시작했습니다.

의사소통 능력 UP

우리가 슬프고 불안한 것은 온전히 개인적인 내면의 문제일까요?
슬프고 불안했던 순간을 떠올려 보고, 그 이유를 이야기해 보세요.

물론 뭉크가 어두운 주제에 천착하게 된 데는 가족을 차례로 잃은 슬픔이 가장 컸을 겁니다. 하지만 그가 그림을 통해 토해 냈던 내면의 슬픔과 절망, 두려움은 바로 19세기 말 북유럽 사람들 사이에서 만연했던 불안과 공포와 닮은 점이 많습니다. 그래서 뭉크의 〈절규〉는 많은 사람의 호응을 얻을 수 있었어요.

〈절규〉는 흔들리는 선, 강렬한 색채, 왜곡된 형태로 19세기 말 사람들을 사로잡은 절망과 공포를 나타냈습니다. 그 때문에 이 작품은 현대인의 마음속에 도사린 불안을 표현한 아이콘이 되었어요. 이런 이유로 뭉크는 표현주의를 확립한 선구자로 불리기도 해요. 표현주의는 객관적인 사실보다는 사물이나 사건으로 발생한 주관적인 감정과 반응을 표현하는 데 중점을 두었으며, 20세기 초 독일을 중심으로 일어났습니다.

어쩌면 뭉크가 그려 낸 슬픔과 절망, 두려움은 우리가 살아가면서 피하고 싶은 감정이고 또 남들에게 보여 주고 싶지 않은 모습일 수도 있어요. 하지만 한 번도 이러한 감정을 겪지 않고 살아가는 사람은 거의 없을 겁니다. 부정적인 감정을 밖으로 내보이고 싶지 않은 마음도 충분히 이해하지만, 그렇다고 언제까지나 숨길 수도 없을뿐더러 숨겨지지도 않아요.

슬프고 속상할 때는 뭉크처럼 그림이나 글로 자신의 마음을 솔직하게 표현해 보면 어떨까요? 마음이 한결 후련해질 거예요.

뭉크가 바로 그런 마음을 그림으로 표현했기에 지금까지도 기억되는 화가가 되었다는 걸 이제는 알 수 있겠죠?

중학교

과학1
V. 물질의 상태 변화
1. 물질의 상태 변화

VI. 빛과 파동
2. 거울과 렌즈

과학2
I. 물질의 구성
2. 물질을 구성하는 입자

과학3
I. 화학 반응의 규칙과 에너지 변화
1. 물질의 변화

수학1
IV. 기본 도형
1. 기본 도형

수학3
II. 이차방정식
2. 이차방정식

역사1
II. 세계 종교의 확산과 지역 문화의 형성
4. 크리스트교 문화의 형성과 확산

IV. 제국주의 침략과 국민 국가 건설 운동
1. 유럽과 아메리카의 국민 국가 체제
2. 유럽의 산업화와 제국주의

V. 세계 대전과 사회 변동
3. 인권 회복과 평화 확산을 위한 노력

사회2
IV. 시장 경제와 가격
2. 시장 가격의 결정
3. 시장 가격의 변동

고등학교

미술1
II. 평면 표현
  2. 보고 나타내기

III. 공간 표현
  1. 입체의 아름다움을 살려서

미술2
III. 미술과 융합
  1. 미술의 경계를 넘어서
  2. 미술로 엮어 내기

V. 미술 작품 읽기
  1. 미술 작품을 어떻게 볼까
  4. 하나의 작품, 다른 해석

화학1
I. 화학의 첫걸음
  2. 탄소 화합물의 세계
  4. 화학 반응식

경제
I. 경제생활과 경제 문제
  1. 희소성과 합리적 선택
  2. 경제 문제를 해결하는 다양한
    방식
  3. 경제 주체의 역할

II. 시장과 경제 활동
  1. 시장의 수요와 공급

세계사
IV. 유럽·아메리카 지역의 역사
  1. 고대 지중해 세계
  2. 유럽 세계의 형성과 동요
  3. 유럽 세계의 변화
  4. 시민혁명과 산업혁명

V. 제국주의와 두 차례 세계대전
  2. 두 차례의 세계대전

사회·문화

Ⅱ. 개인과 사회 구조

  1. 개인과 사회의 관계

미술

[체험]

Ⅰ. 자신과 세계

  1. 나는 누구인가

  2. 나와 연결된 세계

[표현]

Ⅱ. 평면의 세계

  2. 재현에 의한 표현

  3. 상상에 의한 표현

Ⅳ. 입체의 세계

  1. 물질로 표현되는 입체

[감상]

Ⅰ. 작품 비평의 세계

  1. 작품 보고 읽기

  2. 작품 보고 말하기

  4. 서양의 미술

책

김선지, 《그림 속 천문학》, 아날로그, 2020

다이애나 뉴월, 엄미정 옮김, 《인상주의》, 시공아트, 2014

데이비드 호크니, 남경태 옮김, 《명화의 비밀》, 한길사, 2019

로이스 피흐너-라투스, 최기득 옮김, 《새로운 미술의 이해》, 예경, 2005

류제동 외, 《재미있는 지구촌 종교 이야기》, 가나출판사, 2013

박우찬, 《미술, 과학을 탐하다》, 소울, 2011

박재연, 《미술, 엔진을 달다》, 앨피, 2021

빈센트 반 고흐, 신성림 옮김, 《반 고흐, 영혼의 편지 1》, 위즈덤하우스, 2017

빈센트 반 고흐, 박은영 옮김, 《반 고흐, 영혼의 편지 2》, 위즈덤히우스, 2019

빈프리트 뢰쉬부르크, 이민수 옮김, 《여행의 역사》, 효형출판, 2003

스티브 로저스 펙, 안영진 옮김, 《미술가를 위한 해부학 도감》, 비즈앤비즈, 2011

아네테 그로스본가르트 외 엮음, 이승희 옮김, 《성서, 인류의 영원한 고전》,
    21세기북스, 2019

엄미정, 《후회 없이 그림 여행》, 모요사, 2020

엘케 린다 부흐홀츠 외, 엄미정 옮김, 《손 안에 담긴 미술관》, 수막새, 2008

요하힘 레스, 장혜경 옮김, 《예술가의 여행》, 웅진지식하우스, 2012

윤동주, 《초판본 하늘과 바람과 별과 詩》, 소와다리, 2016

이광연, 《미술관에 간 수학자》, 어바웃어북, 2018

이만열 외, 《질문하는 미술관》, 앤길, 2019

이석희 외, 《세계사 버스》, 니케주니어, 2021

이소영, 《실험실의 명화》, 모요사, 2012

이소영, 《화가는 무엇으로 그리는가》, 모요사, 2018

이재호, 《미술관에 간 해부학자》, 어바웃어북, 2021

이지은, 《액자》, 모요사, 2018

전강수, 《토지의 경제학》, 돌베개, 2012

조엘 레비, 오혜정 옮김, 《Big Questions 수학》, 지브레인, 2016

존 보커, 이종인 옮김, 《사진과 그림으로 보는 성서》, 시공사, 2003

질 네레, 엄미정 옮김, 《에두아르 마네》, 마로니에북스, 2006.

질송 바헤토 외, 유영석 옮김, 《미켈란젤로 미술의 비밀》, 문학수첩, 2008

천눈이, 《10대를 위한 미술관에서 읽는 경제학》, 다른, 2021

크리스토프 베첼, 홍진경 옮김, 《THE ART 미술의 역사》, 예경, 2006

태지원, 《그림이 보이고 경제가 읽히는 순간》, 자음과모음, 2019

플로리안 하이네, 정연진 옮김, 《화가의 눈》, 예경, 2012

한스 베르너 홀츠바르트 외 엮음, 엄미정 옮김, 《모던아트》, 마로니에북스, 2018.

후지사와 미치오, 임희선 옮김, 《이탈리아에서 역사와 이야기는 같은 말이다》,
　　일빛, 2005

논문

김효선, 〈유클리드 기하학에 기초한 원근법의 성립 불가능성과 사영 기하학에
　　기초한 원근법의 성립 가능성〉, 《비교문화연구》, 9권 2호, 2005

도판 출처

60쪽   ⓒLivioandronico2013 - 위키미디어

65쪽   ⓒtetraktys - 위키미디어

80쪽   ⓒRené Magritte / ADAGP, Paris - SACK, Seoul, 2022

96~97쪽   ⓒSelf-photographed by Qypchak, 4 May 2010 - 위키미디어

118쪽   ⓒ엄미정

122쪽   ⓒPatrick A. Rodgers - 위키미디어

136쪽   ⓒ2022 - Succession Pablo Picasso - SACK (Korea)

141쪽   ⓒBundesarchiv, Bild 183-H25224 / Unknown author / CC-BY-
SA 3.0 - 위키미디어

163쪽   ⓒIvo Jansch - 위키미디어

다른 인스타그램

뉴스레터 구독

필요했어, 이런 미술 수업
미술실에서 만나는 과학·수학·문학·역사·경제·사회

초판 1쇄　　2022년 6월 30일
초판 3쇄　　2024년 11월 15일

지은이　　엄미정

펴낸이　　김한청
기획편집　　원경은 차언조 양선화 양희우 유자영
마케팅　　정원식 이진범
디자인　　이성아 김현주
운영　　설채린

펴낸곳 도서출판 다른
출판등록 2004년 9월 2일 제2013-000194호
주소 서울시 마포구 동교로 27길 3-10 희경빌딩 4층
전화 02-3143-6478 **팩스** 02-3143-6479 **이메일** khc15968@hanmail.net
블로그 blog.naver.com/darun_pub **인스타그램** @darunpublishers

ISBN 979-11-5633-471-2 44000
　　　979-11-5633-470-5 (세트)

 다른 생각이
다른 세상을 만듭니다